ADIÓS, ROBINSON

Y OTRAS PIEZAS BREVES

BIBLIOTECA CORTÁZAR

ALFAGUARA

Julio Cortázar

ADIÓS, ROBINSON
Y OTRAS PIEZAS BREVES

ALFAGUARA

ALFAGUARA

© 1984, Julio Cortázar
© De esta edición:
1995, Santillana, S. A. (Alfaguara)
Juan Bravo, 38. 28006 Madrid
Teléfono (91) 322 47 00
Telefax (91) 322 47 71

• Aguilar, Altea, Taurus, Alfaguara S. A.
Beazley 3860. 1437 Buenos Aires
• Aguilar, Altea, Taurus, Alfaguara S. A. de C. V.
Avda. Universidad, 767, Col. del Valle,
México, D.F. C. P. 03100

ISBN:84-204-8279-X
Depósito legal: M. 33.112-1995
© Diseño de cubierta:
Julio Silva

ÍNDICE

DOS JUEGOS
DE PALABRAS

I
PIEZA EN TRES ESCENAS

A Leonora Carrington

A Petrushka

A Federico García Lorca

A "The Man who came to Dinner"

A Benjamin Péret

A Jean Cocteau

*"En habit d'os a l'intérieur
de noces à l'extérieur la jeune fille attend"*

Michel Leiris, "Marécage du Sommeil".

PERSONAJES

Nélida

El Padre *(de Nélida)*

La Madre *(de Nélida)*

El Novio *(de Nélida)*

Remo

Nuria

Cuatro Marineros

El Guardián de la Plaza

La Fuente

La Pelota de Goma

Algunos Animales

El Público del teatro.

Personajes

El señor Robledo, *estanciero bonaerense*
Iolina, *su hija*
Aníbal, *su hijo*
Leticia, *huésped*
David, *huésped*
El chico de al Lado, *el chico de al lado*
El Caballero, *heraldo y amigo del señor*
Robledo Mancuspias y girasoles
Música de fondo al estilo de *"Pavane*
pour une Infante défunte".

ESCENA I
Sala de estancia criolla para patrones
criados en Europa
Leticia, David

LETICIA *(Mientras cose):* –Entonces ella vino, y agarrándome por el pescuezo dijo: "Si no me devuelves la carta te decapito la cabeza" *(Dibujando las letras en el aire)* S.I.C.

DAVID: –Es bueno tener amigas tan cultas. Mis amigos son todos unos bestias. No pasan de la tabla del cinco.

LETICIA: –Y yo le contesté: "Mi hijita, dejáme de macanear y andá, date un baño frío". Lo increíble es que se fue, y al rato se oía el ruido de la ducha.

DAVID: –Estarías encantada con sus poderes. A mí no me vendrían mal. A veces...

LETICIA: –A veces Isolina.

DAVID: –A veces Isolina, y otras veces *(apuntándose con el dedo)* David. Pero te juro que primero los usaría contra mí mismo, para obligarme a descubrir mis juegos y a colocarme por fin en un terreno claro. Hay días en que me desprecio tanto.

LETICIA: –Yo te encuentro bastante bien. Tu problema está en que no te adaptás a esta casa. Nunca te entendiste con Aníbal. Sabés que Isolina se muere por el Chico de al Lado, y te deseperas por conquistarla.

DAVID: —Mi juego es más sutil que eso. Muchísimo más sutil, tanto que ni yo mismo lo veo.

LETICIA: —¡Está bueno!

DAVID: —Pero advierte que no se precisa ver una cosa para tener de ella una conciencia oscuramente clara. Mis pasos me llevan a un sitio que ignoro; pero yo soy mis pasos.

LETICIA: —Érase un hombre que jugaba con las palabras, y que murió de ellas.

DAVID: —De algo se muere siempre. O te pica una mancuspia cuando vas distraído, o te cae una tortuga del cielo, o te entra un microbio en la saliva.

LETICIA: —¿Por qué te quedás en esta casa?

DAVID: —Porque debería irme. Porque sí. Porque quiero a Isolina, porque el mundo es Isolina y si me voy de aquí caeré en un hueco horrible apenas cruce la puerta. Caeré dando vueltas, con dos sirenas aullándome en los oídos, y veré alejarse el redondelito azul donde empezaba la casa, y después vendrá el silencio, salvo que alcances todavía a oír los ladridos de Toby. Estoy seguro de que si me caigo al pozo, Toby ladrará un largo rato.

(Entra el Caballero, y despliega un pergamino.)

EL CABALLERO: —El señor ordena: "Desde mañana, los girasoles deberán ser azules. Todo girasol amarillo será decapitado". ¡ADIÓS! *(Sale)*.

DAVID: —Van dos amenazas de decapitación en pocos minutos.

ESCENA 1
La plaza

Una plaza. En el centro hay una fuente con un pequeño surtidor. A un lado, una mesita y una silla. La plaza (más bien una plazoleta provinciana y tranquila) es circular. El hemiciclo del fondo está formado por tres edificios separados por dos callejones que desembocan en la plaza a modo de radios de rueda. Los edificios, de dos pisos, tienen las puertas y ventanas usuales al frente. El de la izquierda muestra una ventana baja, al lado de la puerta. Por su cornisa y su aspecto general, esta ventana dará la impresión de un cuadro colgado. Es de noche. Nélida entra por izquierda. Es joven, viste de claro.

NÉLIDA: —Después de todo son apenas las diez y media. En algunos lugares de la tierra están jugando a la pelota, están tomando el desayuno en tazas de cerámica verde. Me parece verlos, en algún lugar de la tierra, tomando las tazas con delicadeza, subiéndolas por el aire hasta la boca, bebiendo líquidos perfumados con ligeras inclinaciones de cabeza, con frases rituales. Los chinos, los yugoeslavos, los pequeños matabelés y las redondas señoras de Ciudad Trujillo.
En fin, pero aquí no ocurre nada, esta plaza es un perro enroscado que sueña y se agita y se lo siente sollozar como un viento pequeñito pero violento que le cruzara el cuerpo hasta la boca...

(Moja los dedos en la fuente.)
Es la plaza perfecta para los monólogos, antes que llegue la gente. *(Se mira los dedos goteando):* –Una mañana que volvíamos de juntar caracoles, Remo dijo que el agua era la blanda imagen de mi nombre, jugó un rato con mi nombre. Nélida arriba abajo.
Nélida nubecita, girasol, perinola,
y el agua, esta agua que me llena los dedos de espesos anillos. *(Salpica el aire, sonriendo absorta.)* Andá, mojá la noche, andáte con ella que pasa juntando cosas. Chicoteále la cara, bendecíla con esos deditos fríos y deshechos. *(Se aparta de la fuente, mirándola, hasta quedar de espaldas al proscenio. Pausa. Nélida se da vuelta hacia el público, pero no habla para él sino que parece otear el aire de la sala).* ¿Por qué tantas caras ahí detrás de las paredes, escuchando en las puertas, enmascaradas en las cortinas? ¿No te duele esa sorda conjura, no preferirías volver a tu cama, a tu partida de ajedrez, a tu bicarbonato? Ahí cerca, creo que en la otra cuadra, tocaban dos cuartetos de Mozart, un músico alemán. Música clásica. ¿Por qué no fuiste? *(Salmodiando).* Nélida arriba, abajo, Nélida nubecita, girasol, perinola... *(girando para abarcar la entera plaza).* Es muy hermoso decir números, decir veintidós, decir la mitad de ciento veinte, estarse en la biblioteca haciendo larguísimas cuentas, sumas y restas, cada una con su prueba porque la prueba es tan importante, hay que ver lo importante que es la prueba. *(Se pasa una mano por la cabeza, parece confundida y vacilante.)* Qué cansancio, no comí nada, anduve tanto tanto, pero ésta *(con claridad, lúcidamente)* ésta es la plaza y aquí estoy y en esta plaza está el cuadro de manera que... *(Se interrumpe al oír gritos que se hacen cada vez más fuertes. Por ca-*

lle derecha entran cuatro marineros tirándose una gran pelota de goma blanca, como las que usan las focas y las playas).

MARINERO 1.°: –¡La plaza, la plaza!

MARINERO 2.°: –No es más que una fuente y algunas casas.

MARINERO 1.°: –Por eso es una plaza. *(Le tira la pelota y el Marinero 2.º la recibe y devuelve. Nélida se aparta y al ver la silla se sienta con aire modesto y algo rígido. Los Marineros la ven y cuchichean. Se acercan poco a poco a la fuente, y algunos beben).*

MARINERO 3.°: –Esta agua tiene gusto a nieve.

MARINERO 4.°: –No, es la nieve que tiene gusto a agua. El agua es primero.

MARINERO 3.°: –El agua es primero, pero la nieve le da gusto a aire. La nieve es el aire dentro del agua. *(El Marinero 2.º juega con la pelota. La abandona para beber, y la pelota va suavemente hasta los pies de Nélida. Los Marineros la ven y cuchichean).*

MARINERO 3.°: –Para que no esté tan sola le regalamos esta luna.

MARINERO 1.°: –Adentro tiene un pescado y muchísima naftalina, de manera que...

CORO DE MARINEROS: –... no le aconsejamos que la abra.

MARINERO 4.°: –Nadie debe abrir las lunas. Adentro está el horror o la nada, y a veces perros o seres deformes que no esperaban ser descubiertos y acometen. La luna que le damos es solamente para mirarla, y también para jugar un poquito.

NÉLIDA *(Con un gesto de gratitud, toca la pelota con el pie y la aleja levemente):* – Remo decía que luna y azúcar se pegan a los dedos, como el pedacito justo de cada canción, ése que ya no se olvida por días, una lunita que mengua poco a poco pero vuelve, infatigable a bailar en la punta de la lengua. ¿Ustedes no saben olvidarse las canciones? Es realmente muy difícil olvidarse las canciones.

MARINERO 2.°: –Qué bueno que es esto, llegar a una plaza, y una chica que no se enoja si le decimos cosas de borrachos, y sabe bastante sobre marineros y temas.

MARINERO 4.°: –Y se sienta en su silla y se queda quieta mirándonos. *(Por la izquierda entra el Guardián, con llaves, linterna y un paquete de bombones, de los que come continuamente. Es viejo, pero camina con rapidez y un poco espasmódicamente).*

GUARDIÁN: –Buenas noches a todos y a la fuente.

TODOS: –Buenas noches, Guardián. *(Se ve el surtidor que decrece un segundo, como una reverencia de agua, y sube otra vez).*

GUARDIÁN: –La noche será negra y blanca, como decía Gérard de Nerval.

MARINERO 4.°: –La educación es siempre loable. Esta señorita *(saludando a Nélida)* sabe cosas sorprendentes sobre el satélite. Este señor *(inclinándose ante el Guardián)* nos abruma bajo el peso de su erudición. Y también...

GUARDIÁN *(Interrumpiéndolo con una fuerza terrible):* –¿Qué hace usted sentada en mi silla?

NÉLIDA *(Se levanta sobresaltada):* –Nada, solamente me había sentado. La silla
simplemente
estaba ahí
y entonces yo
me senté.

GUARDIÁN *(Con infinita petulancia)*: –La silla es enteramente mía. *(Pone los bombones sobre la mesa y elige uno)*. Los que quieran pueden servirse. La noche dura hasta las cinco cincuenta y cinco, y después empieza ese trapo sucio también llamado madrugada.

NÉLIDA: –Es mejor que usted me haya desalojado de la silla. Ahora no tengo ningún pretexto para detenerme en un pedazo de ocio o de olvido. *(Se aleja del Guardián y los marineros, que juegan a hacer flotar la pelota en la fuente, y empieza a recorrer la escena, pegada a las casas, tocando las paredes y examinando las ventanas con inacabable minucia. Por la izquierda entran el Padre y la Madre. Ven a Nélida y se hacen gestos de complicidad y cólera. Corren a la mesa y comen varios bombones, concentrados y coléricos, esperando siempre a Nélida que no los ha visto)*.

PADRE: –Este es de praliné. Una perfecta porquería.

GUARDIÁN: –Usted lo eligió. *(Ofendido.)* No tienen respeto por las cosas de uno.

PADRE: –Usted debió tener aquí solamente bombones de nougat y de crema de menta.

MADRE: –Y de marrón glacé.

GUARDIÁN: –El praliné es mucho mejor. Todos mis bombones son bombones de praliné. *(El Padre y la Madre comen bombones en cantidad. Nélida ha llegado a la primera calle y está apoyada contra la arista del borde de la casa, las manos acariciando la pared. Parece auscultar la casa. Los Marineros juegan ahora a representar estatuas junto a la fuente. Guardan un silencio absoluto)*.

MADRE *(Señalando a Nélida):* –Mírala.

PADRE: –No hay que ser un lince para ver que está buscando el cuadro.

MADRE: –Uno busca y busca, pero de golpe encuentra.

GUARDIÁN: –Uno busca sin esperanza, y cuando encuentra se queda como helado. A veces hasta siente un desencanto.

PADRE: –Esos son detalles accesorios. *(A la Madre)* ¿Nos vamos a quedar aquí toda la noche, mirándola buscar? Ya has oído, a las cinco cincuenta y cinco zás afuera la noche. Tenemos tiempo, pero el tiempo está del lado de Remo, de ese maldito caminador de playas.

MADRE: –De ese perro con dos lenguas.

PADRE: –Ese praliné empalagoso.

MADRE *(Vacilando):* –Si vos fueras hasta ahí *(mostrando a Nélida)* y la trajeras de buen modo, entonces ella se olvidaría de buscar el cuadro, yo creo que ella se olvidaría.

PADRE: –No, no se olvidaría. *(Amargo)* El tiempo está del lado de Remo, todo el pasado se llama Remo para ésa.

MADRE: –Fingiría olvidarse, por orgullo. Ya sabés que es orgullosa como una piedra. A veces no me atrevo ni a tocarla, es como un cactus que da la cara por todos lados. Pero si vos fueras y le hablaras...

GUARDIÁN *(Didácticamente):* –Ya me he hecho una buena composición de lugar. Remo es el pasado de esa señorita, y ustedes son el presente. *(El Novio entra corriendo por el fondo, empuja a uno de los Marineros y se planta de un enorme salto entre el Padre y la Madre. Es un joven gimnasta de rostro violento).*

NOVIO: –Y yo soy el futuro. Con esto, viejito, estás en condiciones de conjugar el verbo que te dé la real gana.

PADRE Y MADRE *(Juntando las manos con el gesto tradicional de la angustia)*: –¡Vos aquí! *(Giran de manera de ocultar la presencia de Nélida, que ha iniciado la exploración de la casa del fondo de la plaza).*

NOVIO: –Buenas noches, mamá.

Buenas noches, papá.

PADRE: –Será mejor decirlo todo.

MADRE: –No sé, vos decidí, que sos el hombre.

PADRE: –Mejor que lo sepa, para que nos ayude.

NOVIO: –No hace falta ayuda. Además, sé todo. *(Sin volverse, señala hacia Nélida con el pulgar sobre el hombro.)* La pobre se hace ilusiones, cree que puede escaparse de nosotros. *(Confiado)* De nosotros tres, nada menos. Nosotros que somos todo para ella, que la llevamos de la mano por la vida...

GUARDIÁN: –También a los ahorcados los llevan de la mano hasta la escalera. *(Al Novio.)* Sírvase un bombón.

NOVIO: –Gracias, aceptaré gustoso. *(Come).*

PADRE *(Contando con los dedos):* –En realidad no es más que esta semana, faltan unos pocos días. La boda es el sábado, aunque nunca me gustó que mi hija se casara en sábado.

MADRE: –Que pase esta noche. Lo demás se puede ir viendo cuando llegue.

NOVIO: –Del sábado en adelante me basta con este corazón. *(Golpeándose el pecho pero sin énfasis.)* Sin embargo esta noche no me gusta, tiene algo ahí adentro...

PADRE: –Hoy es lunes.

GUARDIÁN: –Casi martes. No te cases ni te embarques. Ni de tu casa te apartes.

PADRE: –Después nos quedarían el miércoles, el jueves y el viernes. Es muy difícil andar de cara al viento tres días seguidos.

MADRE: –Sin ver nada, sin poder nada.

PADRE: –Esperando nada más que lo peor.

MADRE: –Dentro de cuatro varillas, una cosa que parecería nada.

NOVIO *(Mirándolos con fijeza):* –Ah, el cuadro.

MADRE *(Sigilosa):* –¿No la ves ahí, cómo lo busca?

NOVIO *(Sin mirar):* –Claro que la veo. Claro que lo busca. *(Estallando)* ¡Pero que lo encuentre de una vez, qué diablos, para deshacérselo a puñetazos!

GUARDIÁN: –Todo iba tan bien hasta aquí.

MADRE *(Siempre bisbisando):* –No es que el cuadro me importe. Las cosas valen por lo que la gente cree de ellas. Dos maderas en cruz o cuatro maderas en marco.

NOVIO: –Cuando lo encuentre quiero estar al lado suyo, ser el primero en saltar.

PADRE: –Tal vez esta misma noche...

NOVIO: –Ojalá.

MADRE: –Ya está terminando con esa casa, y no nos ha visto.

NOVIO: –No esté tan segura. *(Como si oyera esto, Nélida gira bruscamente y queda de espaldas a la pared. Mira al Novio y a los padres, sonríe misteriosamente y se vuelve despacio a su palpación del muro. Está casi al final de su examen de la casa del fondo).*

PADRE: –¡Nélida!

NOVIO *(Tomándolo del brazo):* –¡Cállese la boca!

PADRE *(Ofendido):* –Mis intenciones eran buenas.

GUARDIÁN *(Atando la caja de los bombones):* –Siempre dicen eso cuando quieren tapar alguna idiotez.

MADRE: –Usted abunda en comentarios mordaces.

PADRE: –Y se alimenta con esos ascos. *(Señalando los bombones).*

NOVIO: –Y deja que aquellos vagos estropeen la fuente con sus juegos. *(Los Marineros se inmovilizan, pero no darán la impresión de haber escuchado sino que responden a un secreto paralelismo con la acción del primer plano. También Nélida hará un gesto como de protesta, antes de continuar rozando la pared con las manos muy abiertas).*

LOS MARINEROS *(Formando rígidamente):* –Atención, esa bestia ha dicho mal de nosotros.

MARINERO 1.°: –Cuando entró en escena me empujó groseramente.

MARINERO 2.°: –Interrumpiendo nuestro juego.

LOS MARINEROS: –Interrumpiendo nuestro juego, la sucia basura.

NOVIO: –¿Que hay? ¿Quieren algo? Vengan de a uno o de a dos, lo mismo es.

MARINERO 1.°: –Ella estaba en la silla, sola y ligeramente triste.

MARINERO 4.°: –Pero llena de rumores, yo lo sé, y de grandes espacios por donde corría la noche.

MARINERO 3.°: –Tan linda, y la novia de esa pobre lechuza.

(El Novio corre a ellos, y batallan. Los Marineros tienen al Novio por los brazos y piernas, lo balancean en el aire, lo sueltan, y el Novio vuelve furioso a ellos que se muestran elásticos y alegres).

PADRE: –¡Dejálos y vámonos!

MADRE: –¡Nélida, Nélida! ¿No ves lo que pasa? *(Al Guardián, agitándose)* ¿Y usted no interviene, no es la autoridad?

GUARDIÁN: –No, en realidad yo me voy. *(Hace señas a los Marineros, que se ríen y van llevando al Novio hacia la izquierda. Toda la batalla se cumple con completo silencio. Los Marineros alzan en andas al Novio, que se debate, y fingen una apoteosis. El Padre y la Madre miran a Nélida, parecen querer ir a ella, pero el Guardián se pone imperiosamente delante y todos salen en seguimiento del cortejo. En el centro del escenario, como brotando de la fuente, salta violenta una música que puede ser Bugle Call Rag* [1]. *Nélida, en el acto de cruzar la calle que lleva a la casa de la izquierda, se da vuelta suavemente y escucha como sorprendida. El surtidor de agua sube y baja de acuerdo al ritmo de la música. Nélida va hasta la fuente e impone las manos sobre el surtidor, que se apacigua poco a poco mientras la música disminuye hasta cesar. Entonces Nélida da la espalda a la fuente y mira la ventana de la casa).*

NÉLIDA: –Es claro, pero si es tan claro, y yo empecé por allá, por esa casa remota y fría, con paredes de piel muerta y bordes jabonosos. Mientras que mi cuadro estaba ahí,

---

[1] La mejor versión ad hoc sería la de la Metronome All Star Band, en disco Víctor.

esperándome. *(Se va acercando paso a paso a la ventana, cuyas persianas están cerradas y que, iluminándose con la cercanía de Nélida, va tomando el aspecto de un cuadro contra la pared).* Mi cuadro... *(Corre los últimos pasos y se apoya con las manos y el pecho en las persianas)* ¡Ah, qué frescura! Cómo huele a madera, a noche, a Remo bajo los sauces del verano... *(Palpa la madera, a tiempo que del otro lado se oye un discurso alto y seco, ininteligible).* Ahora no habrá sábado, el sábado está muerto, el sábado está muerto *(Con un gesto violentísimo tira de las persianas y las abre de par en par. Surge una luz amarilla que apaga enteramente la plaza, y casi de inmediato cae el telón.)*

ESCENA II
La habitación

Una habitación angosta y profunda, con una ventana al fondo –la misma cuyas persianas ha abierto Nélida desde fuera en la Escena I. Nélida está mirando por la ventana, con las manos pegadas a los vidrios. Durante toda la escena permanecerá inmóvil, y sólo sus manos se moverán cuando se indique.
En la habitación hay una silla donde se sienta Nuria, y una mesita con un fonógrafo y discos. Del techo baja una enorme red que aparentemente pasa por un agujero abierto en lo alto, aunque desde la sala deberá tenerse la impresión de que la red nace en la zona del techo y va bajando poco a poco. La red se abre en la habitación como un mosquitero gigante, de mallas enormes, y queda situada entre la ventana y la visión del público.
Cuando Remo y Nuria miran hacia la ventana, no ven a Nélida.

Nuria *(Menos joven que Nélida, nada vulgar, vestida con falda lisa y un sweater. Está cosiendo la red, que baja con muchas mallas rotas):* –Todo es violento. La noche, vos, estas cuerdas enroscándose en mis dedos para no dejarme trabajar. *(Pausa).* Si al menos pusieras música, un poco de lo que vive afuera, esas cosas dulces que suenan y se dejan oír sin enojo, sin el rechazo de estas sogas.
(La red desciende un poco, y durante toda la escena bajará intermitente).

REMO (*Joven, estándar, con pantalón azul oscuro de franela y tricota de cuello alto):* –Estamos hartos de música.

NURIA: –Esa cosa dulce.

REMO: –Estamos hartos

NURIA: –Esa cosa blanda que se deja oír, que no corta los dedos.

REMO: –Violines y oboes, limón con azúcar y regaliz.

NURIA. –Pero no cortan las manos.

REMO: *(Se sienta al lado de Nuria y la ayuda a estirar un pedazo de red. Trabajan silenciosos).*

NURIA: –Si por lo menos pusieras palabras.

REMO: –Bueno. *(Se endereza y va al fonógrafo. Busca y pone un disco).*

VOZ DE HOMBRE *(Recita secamente):* –A, primera letra del abecedario castellano y la primera de sus vocales. A, letra dominical, primera de las siete que sirven para indicar los domingos en el calendario eclesiástico. A, signo de la proposición universal afirmativa. A, abreviatura de diversos vocablos castellanos. No saber ni la A, frase que emplea para designar una ignorancia absoluta. A, preposición de uso muy variado. AA, río de Francia que desagua en el mar del Norte. AA, nombre patronímico de familias holandesas, y apellido de varios hombres ilustres en Historia, Geografía, Filología y Botánica. *(Remo quita el disco y se tapa la cara con las manos, de espaldas a Nuria).*

NURIA: –¿Y eso qué es? Eso no lo teníamos.

REMO: –Qué sé yo.

34

Nuria *(Sin mirarlo):* –No estaba mal para ser un poema.

Remo *(Mirándola bruscamente):* –¡Ah, ya empezás! *(Acercándose poco a poco).* Ya sé lo que viene, ahora yo tengo que decir *(con otra voz):* "Estaba bien, pero tenemos otros mejores". Y vos...

Nuria *(Alzando un dedo):* –Yo digo: "Sería bueno escucharlos".

Remo *(Entregándose al ritual):* –Tenemos el de Rafael Alberti.

Nuria: –Y los cuartetos de Eliot.

Remo: –Y la muerte de Boris Godunov. Por desgracia éste va con música, esa cosa.

Nuria: –También tenemos discos nuestros.

Remo: –Vos declamando Olegario Andrade.

Nuria: –¿Esos son todos? *(Mirándolo).*

Remo *(Rígido):* –Y ahora yo digo: "No, todavía queda el disco que traje de Buenos Aires".

Nuria *(En voz baja pero triunfante):* –El disco de Nélida. Con esos versos. Justamente el que quería escuchar.

(Remo va cansadamente al fonógrafo, busca entre los discos como si barajara naipes. Extrae uno y lo mira).

Nuria *(Con la misma voz):* –Hay que oírlo, hay que seguirlo oyendo. Todavía no está bastante gastado.

(Remo hace un gesto de rebeldía, pero pone el disco en el plato. Surge la voz de Nélida. Mientras se la oiga, la imagen de Nélida paseará las manos por los vidrios y dará la impresión de que está recitando pero fuera de tiempo, como en las primeras películas sonoras).

Voz de Nélida: –Fonopostal grabado por Nélida. Capilla del Monte, 2 de marzo de 1947. Mi querido Remo: Espero que al recibo de la presente te encontrarás bien de salud en compañía de todos tus familiares.

Todos tus familiares a saber la tortuga Berta, la estrella de mar seca con una pata de menos, y las obras completas de Manuel Machado encuadernadas en medio tafilete verde.

De mí puedo decirte que estoy pasando un veraneo sumamente en compañía de mis querido papá y mamá, esos dos monstruos que me secuestran con paredes de ternura y me torturan con látigos en cuyas puntas hay un beso. La provincia de Córdoba, feraz y dilatada, me ofrece sus productos típicos que le han valido justa fama.

Anoche te escribí un versito que se llama EL ESPECTRO y que dice:

> Te vuelves a la noche con el gesto
> del gato que se aguanta en su secreto ovillo.
> Desde allá me hacen señas
> tus agujas azules, tus madejas tu anillo
> toda la noche vuelven
> Cuánta niebla debajo de las colchas
> el veronal, las aspirinas
> Thomas De Quincey, William Blake
> las uñas que me como
> la callada
> marmota del teléfono
> Estás junto a la lámpara
> pálido muerto sin sombrero
> sin boca
> sin pestañas
> teniendo en una mano la otra mano
> separada del brazo haciendo señas.

Aquí termina el versito. Con deseos de que sigas bien, te abraza cariñosamente tu siempre amante Nélida. *(Remo saca el disco con violencia, pero cuida de guardarlo cuidadosamente entre los otros).*

Remo: –Ahora estarás satisfecha. Tenés la red, oíste las palabras, te enteraste de todo.

Nuria: –Claro que ella no es la misma en el disco.

Remo: –Es peor. Es apenas nada, una cosa rota y sin forma.

Nuria *(Con aire displicente):* –Bueno, a mí nunca me pareció que Nélida fuese lo que se llama un ser humano, eso que figura en las anatomías y los libros de lectura. (Riendo) ¿No es idiota eso de libros de lectura?

Remo *(Tras una pausa):* –Sí. Idiota. Pero Nélida vivía más que nosotros, era dura y cincelada, y parecía distante porque yo no fui capaz de abrirle uno a uno los dedos de las manos y mirarle las palmas, allí donde guardaba el calor y la suavidad, esos dos misterios que no conozco.

Nuria *(Contemplando sus manos):* –De éstas no puedes esperar mucho. Pero el cuerpo sigue.

Remo *(Lejano):* –Ella era como una tormenta.

Nuria: –Todo lo que decís es hueco, y esta pieza, nosotros, esta red. *(Agitándola mientras la red se mueve y desciende)* La gran araña de aire, la cosa que viene de lo alto y no cesa nunca. A veces parece como si hubiera algo dentro, y que estos nudos que hacemos enjaularan una presencia.

Remo: –Si por lo menos tuvieras razón. *(Sacudiendo la red)* Pero ahí no hay nada. Aquí no hay nada. Estamos solos, y nos tenemos miedo.

NURIA *(Encogiéndose de hombros):* –Bueno, en general me parece que esta *mise en scéne* fue idea tuya.

REMO *(Mirando fijamente la ventana):* –Sí, yo quería estar solo. Después uno descubre que es imposible. Esto está vacío, sabés, pero no estamos solos. Lo peor es vacilar entre la nada y esta viscosidad que nos envuelve. *(Inquieto, inclinándose hacia Nuria como en confidencia)* A veces me digo si no estamos del otro lado de estas sogas, adentro de la red.

NURIA: –Adentro está el espacio y una forma vaga que va dando vueltas por las mallas como un pájaro de viento. *(Pausa, y luego con voz seca).* Todo eso debías ponerlo en otro disco.

REMO: –Qué mala sos. *(Riendo.)* Sos el pedazo de maldad que correspondía a este decorado. Y yo me lo fui a buscar, yo me lo traje cantando, yo me visto con él todas las noches.

NURIA: –Es muy bueno ser malo.

REMO: –Claro, por eso Nélida no está aquí, porque es muy malo ser bueno.

NURIA *(Mirando hacia el público pero como si éste no estuviera):* –Ahora entramos en los *calembours.*

REMO: –Todo tiene su hora. Si fuera jueves, a vos te tocaría cantar la gran aria de Turandot. Los martes yo como asado de tira. Vos cultivás el paisaje los domingos. Y así nuestra vida, y en general la gente se divierte bastante.

NURIA: –Eso es cierto, hay que admitirlo.

REMO: –Lo que es una lástima es la imaginación.

NURIA: —La loca de la casa, como se dice.

REMO: —Si por lo menos fuera una loca. Los locos tendrán sueños tan hermosos. Un sueño así, por ejemplo: vos soñás que estás de visita en una casa y que la gente te adora, la prueba es que con velas te van incendiando el pelo, te ponen tarjetas de agradecimiento entre los dedos, te retuercen los brazos para que quedes más decorativa. Entonces se abren las puertas y entra un señor vestido de rey que dice: "Buenas tardes, la ceremonia va a empezar". Y todos se alborotan y te llevan en andas a un patio de altas paredes con nada más que un pedacito de nube gris arriba. En el medio del patio hay una fuente y algunos marineros jugando a hacer flotar una pelota en el surtidor. Y vos estás contentísima y comprendés que ha llegado el momento de hacer algo grande y hermoso algo que sea como la muerte o la conquista de un reino. Y cuando todos se apartan y te miran llenos de ansiedad, y en el aire hay como una agitación silenciosa de voces en el extremo esfuerzo del canto, entonces vos te inclinás lentamente y decís con mucho misterio: "Ahora yo comería una medialuna". Y todos comprenden que las palabras están en libertad, y que va a ser terrible. Y te miran azorados, y nadie se atreve a levantar los ojos al cielo.

NURIA: —Y entonces yo me despierto y me veo perfectamente atada a la cama.

REMO: —Con la gran ventaja de no tener que levantarse y hacer toda clase de estupideces como las señoras de su casa. (*Le acaricia el pelo, sin pasión y mecánicamente*). Qué difícil es no quererte, ratoncito.

NURIA (*Tomándole la mano*): —Estás lleno de ceniza, de hojas secas. Siento llover pesadamente dentro de vos.

REMO *(Con una hosca ternura):* –A esta hora nos vamos poniendo idiotas.

NURIA: –Es un alivio, nos mentimos con más facilidad.

REMO *(Sentándose a su lado y tomándole las manos, que a la vez trabajan en la red):* –Sos una araña incansable.

NURIA: –Porque me paso la vida esperando. Penélope sabía elegir bien su trabajo, las manos ayudan a olvidar.

REMO: –Pero yo estoy aquí.

NURIA *(Pasándole una mano por el pelo):* –No, mi amor, yo creo que vos no estás. *(Se levanta y va lentamente hacia la ventana. Toma con la mano derecha la cortina, y la hace correr lentamente. Su cuerpo tapa el exacto lugar que ocupa la mano de Nélida).*

TELÓN

ESCENA III
La plaza

La misma plaza de la Escena I, sólo que en vez de la casa del medio en el fondo, hay un castillo de estilo gótico al modo que lo entendían los románticos). A la izquierda de la mesa se ven algunas jaulas con perros, conejos y patos. Al alzarse el telón, Nélida está cerrando los postigos con un movimiento que coincide con el correrse de la cortina interna por parte de Nuria. Los cuerpos de ambas —de Nuria se verá la silueta— coinciden.

NÉLIDA (Queda de espaldas a la ventana, respirando pesadamente. Tiene el rostro muy blanco, y la boca casi negra. Su figura deberá evocar imágenes de vampirismo pero sin melodrama. Dirá lo que sigue con pausas muy precisas para hacer coincidir exactamente el texto con la situación):
No, ya no esperes el mensaje inútil
ni te asomes temblando a los crepúsculos
donde ciegas cigarras se destruyen.
(Acercándose a la fuente.)
Su pelo estará ido y ceniciento,
verde de orilla nueva y conquistada

lo verás enredándose en los juncos.
Y su sangrado corazón, sus dedos
con anillos del agua irán cayendo
desde una antigua inacabada noche.

(Moja las manos en la fuente y alza los brazos para que el agua le resbale por la piel. Se cubre el rostro súbitamente y solloza. Deberán vérsele los dedos brillantes de agua).

NOVIO *(Entra velozmente por izquierda, mira las jaulas y cuenta los animales con los dedos. Después se acerca a Nélida y la obliga a mirarlo):* –Creyeron que podían conmigo. Tiré a uno al agua y me metí en un patio. Había escaleras y mondaduras de manzana por el suelo. Corrí sin mirar, saltando sillas, retratos y reuniones familiares. Crucé por una mesa donde cortaban un pastel de bodas. Alguien gritó, y antes de salir les dije desde la puerta: "También yo soy el novio". Entonces reconocí la calle y te vine a buscar.

NÉLIDA: –La frase es demasiado ilustre, pero me gustaría que me dejaran sola.

NOVIO: –Estás sola, nunca me sentiste a tu lado. *(Saca un gran pañuelo.)* Secáte la cara, parecés recién salida del mar.

NÉLIDA: –Es así, sabés, es tan así que hasta vos lo decís sin entenderlo, aplastado de verdad. Serían necesarias mareas y mareas, conciertos donde ocurrieran cosas horribles con la música, caracoles enormes llenos de jabón, pedazos de agua como tu pañuelo. Y entonces yo me acostaría a morir y vos vendrías a mirarme desde la puerta. Para nada, apenas para verme.

NOVIO *(Conmovido):* –Sos como una criatura. ¿Qué hacés aquí a esta hora?

NÉLIDA *(Mirando otra vez hacia el público sin verlo):* – Ya no es hora de preguntas. Pronto vamos a cerrar la plaza, la gente se va a ir, vos sabés que ahí afuera pasan cosas y hay comercios abiertos donde muchísimos señores toman su coca-cola y hablan de la vida. *(Mirando la ventana cerrada).* Y hablan de la vida, de ese papel secante donde goteamos. *(Como ignorante del Novio, vuelve a la ventana lentamente y la acaricia con suavidad).*

NOVIO *(Que con gestos un poco rígidos irá entendiendo):* –Te gusta esa ventana, esa ventana de postigos como párpados ocultando el ojo que me gustaría arrancar con estas uñas. *(Corre a la ventana y aparta a Nélida que retrocede hasta las jaulas y se apoya en ellas).* Remo, ¿estás ahí?

NÉLIDA: –Claro que está ahí. Por eso no te va a contestar. *(El Novio tira de los postigos que resisten, pero de pronto ceden y el Novio queda encandilado de luz amarilla. Sin querer se lleva las manos a los ojos. Por derecha e izquierda han entrado los Padres, y los Marineros que forman una pirámide y juegan silenciosamente con la pelota).*

NOVIO *(Angustiado):* –¡Qué luz!

NÉLIDA: –La que sale cuando se arranca un párpado. Detrás hay una cosa tan indefensa y desesperada como un ángel en una tetera o una hormiga perdida en la inmensidad de un pan. Entonces nace la luz, y no te olvides que los poetas comparan las espadas con los rayos y otros meteoros luminosos. ¿No es cierto que te ha hecho daño? A mí me ha quedado aquí dentro, me anda como un lagarto por la garganta, entre el pelo, la siento en la voz y en la piel, como las medusas que llevan su linternita en la panza, y andan boca arriba, y son quizá felices.

MADRE *(Con orgullo):* –En sexto grado hacía composiciones preciosas.

(Los Marineros juegan con la pelota en la fuente, pero se ve que están atentos a la acción y miran con insistencia al Novio que lucha contra la luz, le opone el torso, saca pecho y busca avanzar hacia la ventana).

PADRE: –¿Y esa ventana abierta? Es tardísimo, el Guardián se va a enojar.

NÉLIDA: –La luz es libre de irse por ahí.

PADRE: –Eso lo decís porque queda bien y es vistoso.

MADRE *(Con orgullo):* –Se pone las palabras como si fueran pulóveres.

NOVIO *(Con un gran grito):* –¿Qué hay ahí dentro?

NÉLIDA: –Demasiada luz para dejarte ver.

MADRE: –Siempre le gustó hablar en parábolas.

(Como una concreción de luz, la red salta por la ventana y cae sobre el Novio, que se debate rítmicamente y sin demasiada violencia, con movimientos casi de ballet. Los Marineros se acercan curiosos, y los Padres corren y tratan de levantar la red. El Novio va perdiendo pie hasta quedar tendido bajo la red, y en general esta escena deberá dar la impresión de la lucha y muerte de un pez).

PADRE: –¡Quién hubiera dicho!

MADRE: –¡Tan joven!

PADRE: –¡No somos nada!

MADRE: –Míralo, parece dormido.

PADRE: –Como un chico...

(*La luz se corta por la interposición de la sombra de Remo, que se refleja agigantada en la plaza. Los Marineros la señalan, y Nélida se arrodilla y se pone a seguir su contorno con el dedo*).

MADRE (*Asustada*): –¿Ves, ves? Ahora va a salir ése, el del cuadro. (*La luz decrece, y se ve la silueta de Remo en la ventana; mira la red en el suelo y parece esperar. Los Marineros se consultan con signos, alzan la red y se llevan lentamente al Novio por la derecha. Todo esto será muy ritmado*).

PADRE Y MADRE (*Colocándose detrás del cortejo, y siguiendo lentamente*): –¡Era tan joven!

MADRE: –¡Le gustaba tanto reír!

PADRE: –No reía casi nunca, pero se veía que le gustaba.

MADRE: –Tenía dientes muy blancos y bolsillos llenos de cosas.

PADRE: –Fumaba tabaco de cincuenta, y me convidaba.

MADRE: –Pero vos le servías de tu grapa, que te mandan de Catamarca.

PADRE: –Es verdad, en eso estábamos a mano. (*Salen todos*).

NÉLIDA (*Que se ha enderezado al borrarse la sombra de Remo, y permanece de espaldas a la ventana*): –Estás ahí, ¿verdad?

REMO: –Estamos aquí.

NÉLIDA: –Estamos, sí. Y ahora empezará la pesadilla.

REMO: –Para los dos.

NÉLIDA: –Para el que busca y para el que es buscado. Por esta plaza voy como un topo, pegándome contra las paredes.

REMO: –Sí, pobrecita mía. Lastimándote las manos contra esas paredes mientras la gente te mira y está contenta.

NÉLIDA *(Como sorprendida):* –Pero esa gente somos nosotros mismos. Las pesadillas son así, a uno le ocurren espantos y cosas, y a la vez se está viendo desde algún rincón.

REMO: –El que sufre es ése, el que mira.

NELIDA *(Enfrentándolo con un movimiento magnífico):* ¡Así!

REMO: –Bueno, aquí estoy.

NÉLIDA: –Porque yo quiero. Estás ahí, en el paso final de mi camino. *(Mostrando la plaza.)* Todo este andar, pedacito a pedacito, piedra a piedra.

REMO *(En voz baja):* –Como cuando juntábamos caracoles.

NÉLIDA *(Mirándolo conmovida, pero conteniéndose):* –¿Por qué decís eso? Hacíamos nuestra pesadilla y de repente nombrás a los caracoles, esas cosas redondas.

REMO: –Con dos cuernitos que vos tocabas para verlos replegarse.

NÉLIDA *(Impaciente):* –Ya sé, ya sé. Todo eso es precioso, y vos, y lo que tuvimos, y el abrigo debajo del murallón. *(Enumera agitadamente).* Los días de verano, tu manera de cantar y tu olor a tabaco rubio. Mi pañuelo rojo que se nos fue con el viento y se mezclaba todavía con la rompiente. *(Gritando)* ¿Sigo, sigo?

REMO *(Lentamente):* –No. *(Pausa larga)* Y aquel aro de mimbre que encontramos en un árbol.

NÉLIDA: –Hubiera sido bueno fijarnos en que no encerraba más que un pedacito de aire.

REMO: —Es verdad.

NÉLIDA *(Después de una pausa):* —¿Y ahora?

REMO *(Pasa una pierna por el antepecho de la ventana, y mientras habla irá saliendo despacio y acercándose a Nélida):* —Ahora soy yo. A saber que esta noche me va acercando a tu lado como una nube a otra; que la plaza es una bella plaza, y que la vida es una bella vida.

NÉLIDA: —No quiero que me toques.

REMO: —Yo estaba ahí adentro, con Nuria. Vos sabés bien que yo estaba ahí adentro con Nuria.

NÉLIDA: —Los dos te pusimos ahí. Era necesario. *(Cansadamente)* Si es que era necesario. Decíme: ¿era necesario?

REMO *(Pasándole dos dedos desde el hombro a la mano, en una larga suave caricia que parece dibujarla):* —No sirvo para contestar enigmas. Supongo que sí. *(Encogiéndose de hombros)* Ahí adentro es una pieza, están la red y los discos, y con Nuria ponemos los discos y arreglamos la red. Nos peleamos un poco, por la atmósfera de todo cuarto cerrado.

NÉLIDA: —Sí, ya entiendo, es un tema conocido. *(Apartándose)* Pero ahí dentro está todo eso que
yo soy sin serlo en sustancia
pero soy yo porque sin eso
oh Remo, oh amor mío,
qué puedo ser sino eso que no soy.

REMO *(Mirando inquieto la plaza):* —Nélida. *(Tomándola por los hombros)* Nélida, ¿no viene nadie?

NÉLIDA: —No.

REMO: —Me asusta esta plaza, me siento como huido, en un sitio donde no debo estar.

NÉLIDA: –Es que no debías estar.

REMO *(Bajando la voz):* –Cierto, pero abriste los postigos, me llamaste.

NÉLIDA *(Duramente):* –Y vos le echaste encima esa red a mi novio.

REMO *(Tristemente):* –Y vos estás contenta de que lo hiciera, aunque no nos sirva de nada.

NÉLIDA *(Tocándolo apenas, como queriendo cerciorarse):* –¿Realmente sos vos el que está aquí? *(Mira la luz en la ventana)* Tu sombra era enorme, mirá, la estuve marcando con el dedo en el suelo.

REMO *(Con un orgullo pueril):* –Primero saltó mi sombra y después yo.

NÉLIDA: –¿De verdad? ¿ De verdad sos vos?

REMO *(Mirando inquieto hacia la ventana):* –Sí, y ella sigue ahí dentro.

NÉLIDA: –Donde debe estar.

REMO: –Vos nos pusiste a los dos y te fuiste así *(gesto)* como una polilla o un vientito.

NÉLIDA: –Estoy de vuelta, igual que una mosca.

REMO: –Pero no entraste. *(Acusador)* ¡Pero no entraste ahí, tuve yo que saltar! *(Mira la plaza).* Esto es tan distinto, además hay una fuente y animales con jaulas. No hace frío, pero siento el aire andándome por la cara, y el cielo es tan enormemente alto, fijáte, con esa luna increíble en lugar de nuestra lámpara.

NÉLIDA *(Contra él, como cediendo al miedo y al desconcierto de Remo):* –Por qué hablás así, esto era de otra manera... Ahora hay que inventar, inventarlo todo otra vez, desde el primer minuto.

REMO: –¿Inventarlo todo?

NÉLIDA: –Sí, para no tener miedo. *(Cansadamente)* Mi idea era tan distinta cuando encontré la ventana... Me pareció que vendrías sin sorpresa, sin renuncia, con todo el pasado vivo y funcionando. Por eso hablé de pesadilla.

REMO: –Yo hago lo que puedo, pero Nuria está ahí dentro.

NÉLIDA: –Claro, entonces hay que empezar de nuevo, inventarnos algo donde nada sea Nuria. Yo te vine a buscar tal como eras el día en que nos fuimos cada uno por su lado. Pensaba que vos saldrías de ahí con tu forma de antes, tu olor de antes, tu maldad tan querida de antes. *(Pausa)* Y que entre todo eso Nuria sería como una hebra en un bastidor, una malla en una red.

REMO *(Hosco):* –No te vayas a creer que me importa tanto.

NÉLIDA: –No, a vos no. *(Se arrodilla y marca una línea invisible sobre el haz de luz).* Pero está ahí, ves, su sombra amarilla en el sitio donde estuvo la tuya. *(Se miran largamente, y se abrazan).*

REMO: –Vámonos. Ahora mismo, lejos.

NÉLIDA *(Señalando el castillo):* –Eso es lejos. Parece que no, pero por razones de escenografía.

REMO *(Apartándose):* –Sí, vámonos al castillo, ese castillo tiene un buen aspecto.

NÉLIDA *(Tirando de su mano):* –Vamos.

REMO: –Esperá; las cosas bien hechas. *(Se acerca a la ventana y mira hacia adentro).*

Adiós, Nuria,
Nuria tejedora.
Cuidá de la red y de los discos,
y de las muchas cosas que suceden
cuando se está tejiendo y es de noche.
Yo soy esta apariencia
que dice adiós. *(Saluda).*

NÉLIDA: —Ya está, vamos

REMO: —Ya está. *(Entran corriendo en el castillo).*

(En la luz de la ventana, que se ha intensificado en los últimos instantes, se perfila la sombra de Nuria, y luego surge su imagen rígida. La luz desciende hasta que Nuria es claramente visible desde fuera. En este momento deberá estallar "Some of these days" en una versión lo más canalla posible. La música cesa de golpe).

NURIA: —Un día de estos/tú me extrañarás./ Un día de estos/ te sentirás tan solo./ Un día de estos *(mirando hacia atrás, al ámbito que encierra la pieza)*, sí, de éstos, no de los que quisieras empezar ahora. *(Encogiéndose de hombros)* Cómo ya se habrá advertido yo soy la que sufre innecesariamente y desempeño mi papelito sin proponerme nada extraordinario. Conviene reparar en que mi presencia aquí es una cosa consumada y absolutamente inevitables. Todo lo mío termina en este marco *(mostrando la ventana que la ciñe)*, en esta película de aire que me separa del espectáculo *(mostrando la plaza)*. Yo soy la que no puede ser, la que ha sido ya, Nuria la que arregla redes, Nuria la que vive aquí poniendo los discos y arreglando las redes. *(Entra el Marinero 1.°, y detrás de él el Marinero 2.°. Ven a Nuria y se hacen gestos de sorpresa y esperanza. Ahora la acción deberá cumplirse en dos pla-*

nos totalmente separados; Nuria no ve a los Marineros, y habla sin que éstos la oigan).

MARINERO 1.°: −¡Lindísima! *(La palabra es una invitación).*

MARINERO 2.°: −¿Qué hacés, tan sola en la ventana?

MARINERO 1.°: −¿No vienen con la serenata?

NURIA: −De tanta debilidad nace mi fuerza. Yo creo, Remo, que vas a volver. Estás perdiéndolo todo, ahí dentro *(Mira hacia el castillo).*

MARINERO 2.°: −¿Te llevo en brazos, amor? Envuelto en una novedad que te excede, que no es tu mar ni tu tabaco. Pobre Nélida que cree ser la de antes, pobres los que creen que son los de antes...

MARINERO 1.°: −¿Por qué estás tan callada, morenita? Un día solo, una hora sola es un cuchillo que corta las redes para siempre. ¿Te creés que basta volver y buscar, abrir los postigos y decir: "Borrón y cuenta nueva"?

MARINERO 2.°: −Sos igualita a un tango que me olvidé y que me gustaba.

(Otra vez la música de "Some of these days". (Los Marineros se encogen de hombros y se ponen a bailar estrechamente abrazados. Se ve que han bebido. Los Padres entran por derecha y corren agitados a la ventana. La música cesa poco a poco, mientras los Marineros salen por izquierda, girando rápidamente).

MADRE: −¿Dónde está mi hija?

PADRE: −Nuestra hija. ¿Dónde está?

NURIA: −Por ahí anda, tejiendo cosas.

MADRE *(Al Padre):* −Esta es Nuria. *(Con sobreentendido)* Ya sabés, Nuria la que...

PADRE *(Igual juego):* –Sí, claro, entiendo.

NURIA *(Por sobre sus cabezas y sin mirarlos):* –Los dos entienden muy bien. Son personas de gran inteligencia. Son los papás de Nélida, y tienen un elevado concepto de la nena. Coleccionan sus diplomas y sus servilletas usadas.

PADRE Y MADRE *(Dignos):* –Usted no tiene derecho de hablar así.

NURIA: –Bueno.

PADRE *(Condescendiente):* –Claro que por otra parte nosotros estamos contentos de verla porque como Nélida andaba buscando el cuadro y resulta que el cuadro... *(Señala vagamente la ventana)* ¡Uf!

MADRE: –Estuviste bien, Roberto. Educación ante todo.

NURIA *(Sonriendo con la evidente falsedad de las recepciones entre comadres o vecinas):* –¿No son favoritos de entrar un momento?

MADRE: –Gracias, en realidad ya nos íbamos.

PADRE: –Tenemos que volver al velorio del Novio.

NURIA: –Un momentito nada más, cosa de ver la pieza. Esta es su casa, si gustan.

MADRE *(Suspirando):* –Sí, sabemos. En fin...

PADRE *(Resignado):* –Bueno, nada más que un momento. *(Salen por izquierda y reaparecen en la ventana, al lado de Nuria. Se colocarán de manera de componer la ventana, dándole un valor de cuadro, pero sin forzar las actitudes).*

NURIA: –Pónganse cómodos.

MADRE: –Estamos muy bien, gracias. Cabemos perfectamente en la ventana.

NURIA: –Cierto, es increíble lo bien que se puede estar entre cuatro tablones.

PADRE: –Con un poquito de sol y un pasar modesto...

NURIA: –Aquí no entra el sol. *(Sonriendo finamente, como quien dice algo espiritual)* El sol es para los vivos.

MADRE: –¡Qué ocurrencia! *(Mira inquieta al Padre).*

PADRE: –Quiere decir que casi siempre tienen cerrados los postigos. Yo me siento muy cómodo aquí, para qué te voy a engañar.

MADRE: –Yo también. Esta señora es muy amable.

NURIA: –No, no soy yo. Es este aire *(mostrando el plano de la ventana)* y además que ahora estamos casi completos, quiero decir que estamos los tres donde debemos estar y solamente falta Remo para que el cuadro quede perfecto.

LOS PADRES *(Mirándose):* –Dice que falta Remo.

NURIA *(Poniéndose el dedo en los labios, para que callen. Los Padres se quedan callados y atentos):* –Remo... *(Con una voz seca y muy clara, como dictando un mensaje).* Remo, te estamos esperando. *(Se enciende una luz en la torre del castillo)* Los discos están aquí, todos los discos, y la red y su pájaro invisible.

Remo,

(La luz vacila en la torre, se aviva y va cediendo).

–¡Te estás muriendo allí!

(La luz se apaga).

–Ahora mismo. En este mismo momento: ¡Remo!

(Se ve a Remo que sale lentamente del castillo. Va hasta la silla y se sienta. Mira estúpidamente la fuente, se acerca y se mo-

ja la mano. Después vuelve poco a poco a la ventana. Los Padres se agitan, consultan a Nuria que ni siquiera los mira, y se retiran corriendo para reaparecer por izquierda, muy juntos. Remo llega a la ventana y entra como una sombra. Nuria se aparta a un lado, suavemente, y los dos componen otra vez el cuadro).

PADRE *(Con algún desdén):* –No era ambiente para nosotros.

MADRE: –Redes y redes.

PADRE: –Pisé dos discos, los hice pedazos. Vos comprendés que no es forma de invitarnos a un lugar con el piso lleno de discos.

MADRE *(Mostrando furtivamente a Remo):* –Ahora él ha vuelto.

PADRE: –Claro, porque como ella... *(Mostrando a Nuria.)* Vos te das cuenta.

MADRE: –Yo creo que lo mejor sería... *(Termina la frase en el oído del Padre. Este asiente y vigorosamente, se ajusta el cinturón y se acerca a la ventana. La Madre está detrás de él, como queriendo protegerlo. El Padre cierra resueltamente los postigos).*

GUARDIÁN *(Que entra por derecha al tiempo que se ve a Nélida que se asoma a la puerta del castillo y empieza a avanzar a pasos lentos):* –¿Qué hacen ustedes dos ahí?

PADRE: –Tomamos el sereno.

MADRE: –Bien dicho, Roberto. A ése hay que tirarle con frases de efecto.

PADRE: –Míralo, se quedó de una pieza. *(El Guardián se sienta en la silla y consulta una libreta. Nélida llega a la fuente y mira distraídamente).*

Madre: —Ya es tarde, deberíamos irnos los tres a casa.

Padre: —Con tal que no le dé por empezar de nuevo...

Madre *(Tímidamente)*: —Vos podrías indicarle, abrir un poquito los postigos, así no pierde tiempo.

Padre: —No. De ahí adentro salen redes que matan gente, y además el piso está cubierto de discos.

Madre: —Sí, ése era un feo detalle. *(Va a Nélida y quiere guiarla hacia la derecha, pero Nélida la aparta suavemente).*

Nélida: —¿Adónde se lo llevaron?

Padre *(Va a señalar la ventana, pero se da cuenta y se contiene):* —No sabemos nada. Pasó por aquí pero...

Nélida: —¿Pasó por aquí?

Madre: —Sí, iba para allá *(Señala vagamente).*

Nélida *(Riendo histéricamente):* —¡Si no hablo de él, ya sé que pasó y que iba para allá, y que no miraba a nadie! Y que iba de vuelta... *(Concentradamente)* No es por él que pregunto. Yo quiero saber adónde se lo llevaron *(señala vagamente a la distancia).*

Madre *(Al Padre):* —Está hablando del Novio.

Padre: —A buena hora habla del Novio, cuando está muerto y rodeado de marineros.

Nélida: —¿Dónde?

Madre *(Gesticulando):* —Hay que ir por ahí y después se da vuelta, se cruza una sala con columnas y un dormitorio provenzal.

PADRE: –De ahí se bajan tres escalones y se entra en un patio con emparrado. Yo creo que más o menos es ahí, Nélida.

NÉLIDA: –Gracias. *(Echa a andar hacia las jaulas y las abre. El Guardián la ve y se pone a anotar furiosamente en su libreta. Los animales escapan de las jaulas. Nélida sale andando despacio por la derecha. En toda la escena no mirará ni una sola vez la ventana cerrada).*

PADRE: –Con tal de que encuentre el sitio.

MADRE: –Podríamos ir con ella.

PADRE: –¿Para qué? Yo creo que las indicaciones eran falsas. Eso que le dijiste de un busto de yeso es una mentira.

MADRE: –Yo no le dije nada de un busto.

GUARDIÁN *(Levantándose):* –Es un busto, pero de terracota.

MADRE: –Lo que yo quería era orientarla. Tampoco hay tres escalones como dijiste vos.

PADRE: –Hay cuatro.

GUARDIÁN: –Son tres y un desnivel del piso. *(Mira la libreta).* Esto de soltar los animales le va a costar caro a alguien.

MADRE *(Asustada, al Padre):* –¿Oíste? Vámonos.

PADRE: –Bah, siempre dice lo mismo y después los encierra. pero mejor nos vamos.

MADRE: –Buenas noches, señor.

GUARDIÁN: –Buenas noches.

PADRE: –Que lo pase bien.

GUARDIÁN: –Del mismo modo. *(Anota algo en su libreta mientras los Padres salen por izquierda)* ¡Un busto de yeso...! *(Pausa. El Guardián mira la fuente, y tira la libreta al agua con un gesto de desencanto).* Total para qué. Uno se queja de la superioridad, y mañana a la noche ocurre exactamente lo mismo *(Pausa).* Y además era un busto de terracota.

TELÓN

Buenos Aires, 1948.

II
TIEMPO DE BARRILETE

LETICIA: –El Caballero se ha superado esta tarde. De todos los bandos que le he oído, éste es de los mejores. Como lectura, quiero decir.

DAVID: –¿Y quién viene ahora?

(Entra el Chico de al Lado.)

CHICO DE AL LADO: –Buenas tardes, señora. Buenas tardes, señor. ¿Están ustedes bien?

DAVID: –¡Ñato, qué ceremonioso! Mirá, vamos tirando.

LETICIA: –¿Cómo está usted, Chico de al Lado?

CHICO DE AL LADO: –Muy bien, señora Leticia. Venía a preguntarles: ¿dónde, en nuestro vasto país, se cultiva la mandioca?

LETICIA: –¿La mandioca? ¿Y qué es eso?

DAVID: –Una raíz, una especie de mandrágora americana, una inmensa porquería de donde sale esa baba transparente que nuestras madres llaman tapioca.

LETICIA: –¡No me digas!

DAVID *(Al Chico de al Lado):* –Y se cultiva en el Chaco y en Misiones. Y basta *(El Chico de al Lado agradece con una inclinación, y sale).*

LETICIA: –Como cortante, sos cortante.

DAVID: –Pero le dije donde crecía la mandioca. ¿Para qué querrá ese dato?

CHICO DE AL LADO *(Asomando cortésmente la cabeza):* –Para mi hermanita la de quinto grado. Gracias de nuevo. *(Desaparece).*

DAVID: –Aquí las paredes sobran. Todo el mundo sabe lo que hablan los demás. Supongo que Aníbal me odia por eso, porque no me callo nunca. Pero a veces, creéme, me cansa este papel que hago en la casa, esta censura constante. Después de todo yo soy arquitecto.

LETICIA: —Sin contar que aquí no tenés nada que hacer en realidad. Te quedás porque te da la gana, por Isolina.

DAVID: —No sé por qué me quedo. Viene a rectificar los errores del que hizo esta casa, empecé a trabajar... *(Se pierde en una ensoñación).*

LETICIA: —Un poco como yo. Vine a traer una noticia para el señor Robledo. Me invitaron a cenar. Se hizo tarde. Pasé la noche. A la mañana era estúpido irse. Había pavo trufado en el almuerzo. Y entonces me quedé diez años.

DAVID: —¿Y tu familia?

LETICIA: —Encantada. Yo era la oveja negra. Sólo me exigían tarjetas postales y que acabara mis estudios de corte y confección. Al tiempo ya ni eso me pedían.

DAVID: —O somos un par de parásitos, o hay algo en la casa que...

LETICIA: —La casa es tan dulce, y a la vez tan llena de cosas amenazantes. Como las mancuspias. El único bosque de la provincia donde quedan mancuspias. Y a la vez los juegos. ¿Vos has jugado en alguna parte como aquí? Ese ajedrez con piezas de cristal que fosforece en plena noche...

DAVID: —El billar de Aníbal, la cancha de tenis donde Isolina vuela con un látigo, los acertijos preciosos del señor Robledo, los torneos de invenciones y novedades, los bandos...

LETICIA: —Yo sé por qué me quedé. Estaba enamorada de Isolina.

DAVID: —También vos.

LETICIA: —Pero se me pasó. Fue un día que íbamos por el camino que lleva al molino. Había un tordo en la tranquera. Isolina le tiró, y el tordo vino volando herido hasta sus pies. Ella lo levantó por un ala y empezó a estrangularlo. Sus ojos miraban los del tordo, y los míos se aterraban en los suyos.

DAVID: —Te hubieras ido.

LETICIA: —No podía. Era tan sólo un cambio de signo. El miedo después del amor. Uno se queda por miedo, a veces.

DAVID: —No deberías contar eso de Isolina.

LETICIA: —Te lo cuento a vos, que es distinto.

DAVID: —Lo que se cuenta echa a volar, y entonces...

LETICIA: —No tengas miedo. Para ese vuelo estará siempre Isolina con su escopeta. También sabe cazar palabras y estrangular poemas. Pero me voy, no te enojes. *(Sale).*

(David va a la ventana y mira afuera. Se lleva las manos a la cabeza, lentamente, pero lo que empezaba como un gesto de desesperación acaba en un peine de dedos que corre por su cabello.)

ESCENA II
Un camino en un bosque
Isolina, Aníbal

ANÍBAL: –Un tango era más o menos así:
"Qué fácil es decir: 'Matála',
qué fácil es decir: 'Dejála',
pero es preciso saber", etcétera. Bueno, justamente lo que yo siento.

ISOLINA: –Un tango no es un ejemplo, bicho.

ANÍBAL: –Por eso te lo canto. Con ejemplos no se prueba nada, o se prueba tanto y tan bien que la cosa se hunde en su propio peso y pierde la gracia. Me acordé del tango porque mirá, Isolina, no es bastante decir: "Mañana iré a la farmacia", o "El jueves cenaremos en *El Ciervo*".

ISOLINA: –Lo imprevisto, claro, el azar...

ANÍBAL: –O una rata, o tu mano derecha. Tampoco es eso. Más abajo, entre los libros con figuras.

ISOLINA *(Interesada):* –¿Con figuras?

ANÍBAL: –Figuras de colores, globos, ranas y gnomos, estatuas que hacen preguntas, iglesias hechizadas, Pulgarcito. Entre todo eso está la cosa, como una hojita seca entre las páginas.

ISOLINA: –Una margarita. Yo ponía margaritas.

ANÍBAL: –Una idiotez. La margarita tiene un centro duro y jugoso, un pequeño sol amarillo que se va secando muy despacio y no se apaga sin estropear muchas páginas y a lo mejor alguna figura.

ISOLINA *(Resentida):* –Vos todo lo sabés mejor, claro.

ANÍBAL: –Saber, ya salió esa palabra. Ya me tiraste a la cara esa araña podrida, ese excremento.

ISOLINA: –El chacal ladra pero la caravana pasa, como decían en los tres lanceros de Bengala.

ANÍBAL: –Hago mal en enojarme. Contigo no se puede más que la caricia o la distancia. Soy un revólver de sueño, un zapato que adhiere al légamo, y tú corres lejos, sobre un frente de tormenta, gaviota de papel.

ISOLINA: –Yo ponía a secar una margarita.

ANÍBAL: –Eran mejor las... Sí, también una margarita. Acordáte qué sorpresas al abrir los libros después de mucho mucho tiempo, por ejemplo quince días.

ISOLINA: –Y encontrar nada menos que una margarita.

ANÍBAL: –A veces con dos hojitas de secante para que absorbieran el jugo.

ISOLINA: –O un trébol de cuatro hojas, o un helecho serrucho.

ANÍBAL *(Para él):* –O un trébol de nada más que tres hojas, pero tan bonito.

ISOLINA: –O a veces un pensamiento, como un monito gris y celeste riéndose de nosotros.

ANÍBAL *(Suspirando):* –Sí, todo eso. Y también lo otro, lo que te decía.

ISOLINA: –Al final no me dijiste nada.

ANÍBAL: –Es que nos pusimos a discutir por la margarita.

ISOLINA: –Y vos te enojaste. *(Dándose vuelta).* ¿Qué es eso?

ANÍBAL: –Nada, una sombra, algo que anda suelto.

ISOLINA: –No me gusta este camino. Andamos por él o él anda por nosotros.

ANÍBAL: –Un camino necesita del viajero para conocerse, como enseña la filosofía.

ISOLINA: –Los libros de filosofía adolecen de no tener láminas.

ANÍBAL: –Oh, hay uno con sombras chinescas, cosas que bailan contra una caverna. Vos sos muy prejuiciada, como todas las mujeres.

ISOLINA: –Bueno. Al fin y al cabo siempre es alguna cosa.

ANÍBAL *(Poniéndose un dedo en la boca):* –Conviene que sepas que eso que pasó era una mancuspia.

ISOLINA *(Palideciendo):* –Lo decís para darme miedo, y porque no es verdad, y porque vos tenés más miedo que yo, y porque no estás contento por lo de la margarita.

ANÍBAL *(Como para calmarla):* –Claro, por todo eso. No hablemos más del asunto. Pero nos queda David.

ISOLINA *(Que mira de cuando en cuando a los lados):* –Me trajiste aquí para hablar de eso. Entonces hiciste una especie de proemio en dos partes. En la primera me probaste la conveniencia de depositar algún veneno en la boca de David. En la segunda...

ANÍBAL: —Te canté un tango, que guarda una moral profunda. Es fácil decidir una cosa; hasta es fácil hacerla. Entre lo uno y otro se cierne una nada, un polvito de quizá; y a eso le llamo yo la cosa. A eso, Isolina, nada más que a eso.

ISOLINA *(Con una reverencia):* —Quiera monseñor explicarse.

ANÍBAL: —Bueno. Por lo menos diré mis palabras, y tú entenderás algo que ojalá sea lo mismo.

ISOLINA: —Ojalá.

(Se sientan en un tronco).

ANÍBAL: —No lo tomés como ejemplo, pero, ¿te acordás de cuando remontábamos barriletes?

ISOLINA: —Sí. Un cielo enorme, y nosotros mandándole nuestro navío, nuestro gran pez rosa y verde.

ANÍBAL: —Y te acordás cuando guardábamos el barrilete y nos poníamos a jugar con los arcos, a correr por las calles empujando los arcos?

ISOLINA *(Sorprendida):* —¡Pero no! ¡Cómo se te ocurre!

ANÍBAL *(Sonriendo):* —¿Y?

ISOLINA: —¡Te digo que no! ¿Es posible que te hayas olvidado?

ANÍBAL: —¿De qué?

ISOLINA: —De que no, de que no se podía. En el tiempo de los barriletes no se jugaba a los arcos. Estaba... bueno, no prohibido, claro, pero... es que no se hacía. Ningún chico lo hubiera hecho.

ANÍBAL: —Y en el tiempo de los arcos...

ISOLINA: —No se remontaban barriletes. Había tiempos, acuérdate.

ANÍBAL: —¡Si me acuerdo! Gran Dios, me pregunta si me acuerdo y es lo que trato de decirle hace media hora.

ISOLINA *(Rememorando):* —Era severo, era una cosa rara. ¿Quién nos hubiera castigado si hubiésemos salido con los arcos en el tiempo de los barriletes?

ANÍBAL: —Nadie. Eso no se castigaba. Yo creo que no se castigaba simplemente porque no se hacía.

ISOLINA: —Sí, pero eso es lo raro. Casi siempre las cosas no se hacen cuando se sabe que habrá un castigo.

ANÍBAL: —¡Tú no crees que había un castigo?

ISOLINA: —Nunca lo pensé, entonces. Yo creo que nunca lo pensé. Uno sabía nada más que era el tiempo de los arcos, y que un día empezaba el tiempo de los barriletes... *(Se pierde en su recuerdo).*

ANÍBAL: —¿Y cuándo empezaba el tiempo?

ISOLINA: —Un día.

ANÍBAL: —Sí. Empezaba un día.

ISOLINA: —Empezaba, y... *(Sorprendida.)* Es cierto: ¿cuándo empezaba?

ANÍBAL: —¿Y cuándo terminaba?

ISOLINA: —No sé. Me acuerdo de cielos llenos de barriletes y de cielos sin ningún barrilete, de plazas llenas de arcos y de plazas vacías, de recreos con baleros y recreos sin baleros.

ANÍBAL *(Satisfecho como si llegara al final de la demostración de un teorema):* —Y vos admitís entonces que si por casualidad te hubieran dado ganas de salir con tu arco en el tiempo del barrilete...

Isolina *(Escandalizada):* –¡Por supuesto! No hubiera podido.

Aníbal *(Marcando las palabras):* –Bueno, bruja maldita: es exactamente lo que ocurre ahora. Liquidar a David es un deseo y hasta si querés una decisión. Pero no es el tiempo.

Isolina *(Levantándose bruscamente):* –¿No es el tiempo?

Aníbal *(Como para sí):* –Un día, y dentro del día una hora, vienen hacia aquí. Llegarán, eso es seguro. Serán el día y la hora, serán un gran anillo de sal. Entonces entraremos en el anillo, y David vendrá a lamer la sal como un tigre, y en la sal le iremos poniendo ese polvito que no es nada, que no hace gritar ni levanta humo, esa tontería donde la muerte vive que sé yo por qué, porque es una imbécil, una mujer tambaleante, una cosa húmeda y despreciable.

Isolina: –¿Y por qué no hoy, o mañana? ¿Cómo sabés que ahora no se puede... ?

Aníbal: –¿Cómo *sabías?*

Isolina: –Yo... yo creo que miraba el cielo.

Aníbal: –Buen sistema, pero ya no nos sirve. El cielo era una lámina con barriletes pintados.

Isolina: –O sin barriletes.

Aníbal: –¿No es cierto? Entonces uno lo miraba y todo se veía ahí clarísimo, como en cualquier otra lámina. Todo lo sabíamos tan bien, Isolina.

Isolina: –Por eso, porque los libros tenían láminas.

Aníbal: –Ahora son cajas húmedas, llenas de mancuspias como esa que te anda cerca del zapato.

ISOLINA: *(retrocede y se refugia en los brazos de Aníbal, que ríe y le tapa los ojos).*

ANÍBAL: –¿Qué ves, qué ves?

ISOLINA: –Nada... Sí, puntos brillantes, tijeras... la cara de David.

ANÍBAL: –Para tranquilizarte te diré que la mancuspia ha olfateado el tronco, y luego de contemplarnos con alguna melancolía se ha vuelto a la espesura. Puedes abrir los ojos y reintegrarte al espectáculo.

ISOLINA *(Asida a él):* –David está muerto aquí dentro.

ANÍBAL: –Pero si no es el tiempo.

ISOLINA: –Está muerto aquí *(se toca la frente).* Flota en su muerte como un globo blanco, y se ríe.

ANÍBAL: –Es lo que se llama la risa del envenenado. No hagas caso. Por ahora está vivo, a tirarnos su vida como una pelota de lana. Vení, vámonos, tengo frío.

ISOLINA: –Te dije que te pusieras un pulóver.

ANÍBAL: –Me van tan mal, me caen hasta las rodillas.

ISOLINA: –Es cierto, te quedan horribles. Te van tan mal que es algo asombroso. Uno no se explica. *(Salen del brazo, accionando para mostrarse mutuamente lo mal que le van los pulóveres a Aníbal).*

ESCENA III
Cuarto de trabajo. Moblaje severo, al estilo prócer
Señor Robledo, el Caballero

SEÑOR ROBLEDO: —Caballero, es tarde.

EL CABALLERO: —Señor, tarde es.

SEÑOR ROBLEDO: —Tres por una, tres.

EL CABALLERO: —La cosa está que arde. *(Callan, satisfechos).*

SEÑOR ROBLEDO: —Habrás notado que esta pequeña desinfección poética previa a nuestras diarias consultaciones, nos despeja, y activa intelectualmente.

EL CABALLERO: —El señor tiene razón. Una razón loca.

SEÑOR ROBLEDO: —Que es la mejor de todas, pues tiene mayor libertad. Pero no calderoneemos, Caballero. Al trabajo, y vivo.

EL CABALLERO: —¿Vivo? Yo creía...

SEÑOR ROBLEDO: —Nada de juegos de palabras. Es peligroso y teatral, dos cosas a evitar en los negocios serios. Veamos: ¿dónde están mis hijos?

EL CABALLERO: —El niño Aníbal se estaba cortando las uñas en el living, y la niña Isolina leía, anotándola, una edición de *De Rerum Natura*.

SEÑOR ROBLEDO: —Todo bien por ese lado. ¿Los demás?

EL CABALLERO: —El señor David pasea por el bosque.

SEÑOR ROBLEDO: —¿Lleva el palo de sándalo?

EL CABALLERO: —Lleva el palo de sándalo y un sándwich de queso. La niña Leticia da de comer a los pájaros de la pajarera grande. Y por fin, la señora esposa del señor canta melodías de las Hébridas en la sala cereza.

SEÑOR ROBLEDO: —Que cante. Perfecto. ¿Has leído el bando?

EL CABALLERO: —En cada habitación, en cada galería, en cada alojamiento de la servidumbre. Ha sido recibido con el silencio que merecen las grandes cosas.

SEÑOR ROBLEDO: —Y con todo, no estoy contento. El bando no es perfecto. Un girasol azul será bello de ver, pero... ¿tú crees que los girasoles obedecerán?

EL CABALLERO: —El señor verá que luego de las primeras ejecuciones, la razón acabará por imponerse.

SEÑOR ROBLEDO: —La razón de nuevo. Cuando la gente quiere divagar, habla de la razón *(A gritos)*. ¡Copia inmediatamente el nuevo bando! *(El Caballero corre a la mesa)*. "De orden del señor: Se señala a los interesados que el cambio de color de los girasoles podrá efectuarse hasta el mes de mayo del año próximo, fecha tras la cual se procederá conforme a lo consignado en nuestro bando anterior".

EL CABALLERO: —Muy prudente medida.

SEÑOR ROBLEDO: —Me aterra pensar en una desobediencia, en que mañana, ahí donde ahora veo un ventanal cerrado, pueda haber un prado lleno de girasoles amarillos, y yo aquí mordiéndome el metacarpo de rabia.

EL CABALLERO: —Si el señor quiere, podríamos teñir los girasoles más próximos a la casa.

SEÑOR ROBLEDO: —¡Teñirlos! ¿Pero tú quieres que yo te desnuque? ¿Me propones que me engañe a mí mismo como una monja?

EL CABALLERO: —Perdón, señor, y pasemos a otra cosa.

SEÑOR ROBLEDO: —No es fácil. ¿Tú crees que con una puñado de arena y dos clavitos se puede hacer una guitarra? Las cosas están confusas en esta casa. Crecen aquí demasiadas plantas con plumas, demasiados animales con hojas, mi mujer mezcla las Hébridas con la provincia de Buenos Aires, mis hijos...

EL CABALLERO *(Sentencioso):* —La normalidad es una cosa tan anormal.

SEÑOR ROBLEDO: —Hablo de mis hijos, hablo de los desconocidos. Temo otra ley que busca superar mi ley. Temo por David.

EL CABALLERO: —David, oh, no, señor. David está muy bien.

SEÑOR ROBLEDO: —Porque yo lo quiero así, me beneficio con su presencia y su ayuda. Pero si el odio de fuera puede más que mi ley...

EL CABALLERO: —El odio de fuera, esa pelusa.

SEÑOR ROBLEDO: —Tengo miedo. Mis hijos velan, y no es con alambre de púa que se detiene el viento. Mi casa es diurna, la quiero diurna, debe ser diurna. ¿Por qué esa caja azul?

EL CABALLERO: —Ignoro toda caja azul.

SEÑOR ROBLEDO: —¡Siéntate y escribe!

EL CABALLERO: —Observe el señor que nuestro Reglamento prohíbe más de dos bandos en un día, salvo que sean estrechamente concomitantes.

SEÑOR ROBLEDO: —Mañana daremos otro bando liquidando el Reglamento. Ahora escribe: "El señor manda: Dentro de los tres días subsiguientes, el nombrado David..." *(Interrumpiéndose con un enorme alarido y un manotón a su hombro izquierdo).* ¿Quién me ha tocado el hombro?

EL CABALLERO *(Golpea el aire alrededor del señor Robledo con las palmas de las manos):* —¡Vete! ¡Vete! ¡Vete! ¡Andáte, carajo!

SEÑOR ROBLEDO *(Jadeando pero severo):* —Oye, cuida tu lenguaje. Ni en esta circunstancia te permito usar del inmundo voseo. Aquí se habla español. *(Suspira, aliviado).* Creí que... El viento, o una concreción del aire... Volvamos; te decía...

EL CABALLERO: —"Dentro de los tres días subsiguientes, el nombrado David..."

SEÑOR ROBLEDO: —"Deberá abandonar esta casa con todas sus armas y bagajes". Suficiente.

EL CABALLERO: —Yo leeré el bando. ¡La que se va a armar!

SEÑOR ROBLEDO: —Postdata: "Nadie acompañará al susodicho a la estación Las Tacuaras, F.C.C.N., pero se le prestará el tílbury de la casa". Leerás el bando mañana al final del desayuno. En el momento en que la señorita Leticia sirva los scones.

EL CABALLERO: —El señor será obedecido.

SEÑOR ROBLEDO: —¿Tú crees?

ESCENA IV
Un claro en el bosque
David, Isolina

DAVID: —Este amor que de la nada se alimenta,
esta ala sin pájaro, esta incierta
vanidad de seguir, como una triste
costumbre de verano...

(Entra Isolina).

ISOLINA: —El primer verso es de Cortázar. Los otros no sé, en el segundo hay un semiplagio al revés de Apollinaire. El *phi* que solamente tiene un ala, y necesita volar en pareja...

DAVID: —Como yo.

ISOLINA: —Aparte que recorrer el bosque declamando a gritos tiene algo de fiesta de conservatorio, de colación de grados.

(Entra Aníbal).

ANÍBAL: —Perdón, pasaba y... Creo que es la frase habitual. En realidad vengo de casa y en línea recta.

DAVID: —¿Por qué no? Se está bien aquí.

ANÍBAL: —Sí, cuidándose. Veo que tienes un palo de sándalo: es bueno cuando cae la noche.

ISOLINA: —David se cuida más que nosotros.

DAVID: —Sin razón, tal vez. Las vidas menos valiosas son las que inventan el algodón. En fin, es un hábito. Salgo de mi cuarto y tomo este palo. Inútil, claro. Nunca vi una mancuspia.

ISOLINA: —Seamos lógicos. Nunca viste una mancuspia porque al salir de tu cuarto tomas ese palo.

DAVID: —Es probable. Un día vendré sin él.

(Isolina y Aníbal se miran).

ANÍBAL: —Harías mal. Yo soy un imbécil andando así.

DAVID *(Tristemente obstinado):* —Quisiera ver una mancuspia.

ISOLINA: —Puede ser la última cosa que veas, David.

DAVID *(Mirándola):* —Sería una lástima. Quisiera llevarme otra imagen conmigo. ¿Tú crees que nos dejarán nuestra última imagen para no estar tan solos en la tierra? En ese caso la elección es tan importante como el total de la vida. Aún más, porque esa imagen debe resumir la vida.

ANÍBAL: —Pues la mayoría se lleva como imagen alguna cara chorreando lágrimas, lo que no es muy reconfortante, o los faros de un auto, o un revólver, o una enfermera diplomada.

ISOLINA: —Para no mencionarte al señor cura.

DAVID: —Yo tengo mi imagen. El problema es que esté allí en ese momento.

ANÍBAL *(Mira a Isolina):* —¿Por qué no? Si es algo entrañable, algo muy ligado a tu vida, es probable que esté ahí.

DAVID *(Mirando a Isolina):* –A esta hora, mi imagen estará probablemente bailando en otra parte. Digamos en la casa de al lado.

ISOLINA *(Con un falso estremecimiento):* –¡Qué lúgubre! Y de mala ley, también. Eso de asociar con fines lacrimógenos un moribundo a un baile vecino estaba bien en tiempos de Pushkin.

DAVID: –El tiempo de Pushkin es simplemente el tiempo, querida y clásica Isolina.

ANÍBAL: –Yo también tengo mi imagen favorita, pero no la diré a nadie; sería como preparar su incumplimiento. De todos modos, ¿por qué nos entristecemos así? En este bosque hay siempre una atmósfera deprimente.

ISOLINA: –El Caballero dice que es la presencia secreta de las mancuspias.

DAVID: –El Caballero me miró raramente hace un rato. Yo iba por ahí, y él pasó apuradísimo.

ANÍBAL: –Leía el bando de los girasoles.

ISOLINA: –Buena idiotez es ésa. ¿Vos no creés, Aníbal, que papá nos revuelca en eso de divertirse a su gusto?

ANÍBAL: –De acuerdo. Por mi parte yo no me divierto desde... *(Mira a David).*

DAVID *(Contestando la mirada; larga pausa):* –Tengo el agrado de acusar recibo.

ANÍBAL: –Perdoná, no se trata de vos *vos*.

DAVID: –De mi presencia aquí, entre ustedes. De la arruga del paño en el billar. Es lo mismo.

ISOLINA: —No empiecen, por favor. En general la íbamos llevando tan bien.

DAVID: —No, mejor ser francos de una vez por todas. También yo... No es cansancio, ni siquiera el liviano aburrimiento que dan el bienestar, la calma, el trabajo... Pero desde hace días estoy inquieto, como en un andén esperando el rápido, ese intermedio absurdo de las estaciones y los muelles.

ISOLINA: —Se diría que hablas de irte.

DAVID: —Sí, se diría. Y eso que no quiero irme.

ANÍBAL *(Mirando a Isolina)*: —¿No acabaste ya tu trabajo aquí?

DAVID: —Sí y no. A tu padre le gusta prolongar el placer de la refacción, el hallazgo de una nueva forma... He creído acabada mi obra varias veces, pero viene él y de un modo u otro hay que continuarla. Como construir una caracol, una espiral.

ISOLINA: —Cuida de no quedar encerrado, caracolito.

DAVID: —Creo que ya lo estoy.

ANÍBAL: —Quién sabe. Los actos de mi padre no tienen por qué someterte en esa forma. Creo que te quedás porque te da la gana.

DAVID: —Es lo mismo. No soy yo quien decide, sino lo que vos llamás la gana. La gana *me da*, ¿ves?, es decir que no se trata de mí.

ISOLINA: —Ahora jugarán con las palabras hasta que sea de noche.

DAVID: —No, basta ya. Basta que a ti no te guste.

ISOLINA: –No me tomes por razón de tu conducta. Es horrible sentirse vicariamente responsable.

DAVID: –Bueno, como quieras.

ISOLINA: –Tampoco eso.

DAVID *(Rebelándose):* –¿Pero es que no aceptas el menor, el más humilde grado de dependencia entre tú y yo? ¿Es posible, Isolina?

ISOLINA: –Más que posible. Literalmente exacto.

ANÍBAL *(Con ironía):* –No la tomés demasiado en serio, che. Pero eso que decías del andén, esa imagen tan bonita...

DAVID: –Está bien. Me iré.

(Isolina y Aníbal se miran triunfantes. David hace un movimiento con el palo de sándalo, va a irse, pero vuelve y deposita el palo a los pies de Isolina. Sale.)

ESCENA V
Una sala verde
Leticia, David

LETICIA: –En las playas donde habita la espuma, donde los cerrajeros se desangran de rodillas frente a la alegre libertad del mar...

DAVID *(Que entra):* –No hay libertad alegre. Sólo las cárceles pueden ser alegres. Basta que tengan la apariencia de casas o de vidas o de mujeres.

LETICIA: –La Rochefoucauld.

DAVID: –No, nadie más que yo. Leticia, ¿Le dirás a la mucama que lleve mis valijas a mi dormitorio? Esta noche haré mi equipaje. Ahórrate toda palabra, mi buena amiga. Me voy, es simple y cierto.

LETICIA: –Pero es que no puede ser.

DAVID: –Ya ves que sí. En el tren de las ocho y media.

LETICIA: –Pero es que no puede ser.

DAVID: –Ya ves que sí. En el tren de las ocho y media.

LETICIA: –Pero es que me dejas aquí.

DAVID: –Más acá del tren de las ocho y media.

LETICIA: –¡David!

DAVID: —Soy yo.

LETICIA: —David, me dejas sola, me dejas sin sombra, sin respiración de mi gesto. También yo vivo aquí sin saber por qué, pero contigo al lado era tan cómodo.

DAVID: —Es bueno quedarse solo. Poco a poco se empieza a pensar. No es fácil, la máquina está herrumbrada. Poco a poco, primero una idea, luego otra, después un puente que las une, la tercera que pasa por encima...

LETICIA: —No quiero que te vayas, David.

DAVID: —No lo quieres por mí, sino por ti.

LETICIA: —Y tú no te vas por ti, sino porque alguien te echa al fin de esta casa.

DAVID: —Puede ser. Pero la decisión es mía.

LETICIA: —Y yo te digo...

(Entra el Caballero).

EL CABALLERO (Leyendo): —"El señor manda: Dentro de los tres días subsiguientes, el nombrado David deberá abandonar esta casa con todas sus armas y bagajes. Postdata: Nadie acompañará al susodicho a la estación Las Tacuaras, F.C.C.N., pero se le prestará el tílbury de la casa". (Pausa). Mis órdenes eran leer este bando a la hora del desayuno, cuando la señorita Leticia sirviera los scones. En su defecto, y dado que nadie ha tomado hoy desayuno, he leído el bando a la diez y cuarenta exactas... (Sale).

LETICIA: —De modo que lo habías decidido tú... (Ríe).

DAVID (Va a hablar, a explicarse. Se ve que está sorprendido. Calla, vacila, y de pronto se serena): —Me quedo.

ESCENA VI
El estudio de la escena III
Aníbal, Isolina, Señor Robledo

ANÍBAL: —Es simplemente increíble que te hayas animado a echarlo así mi deja sin habla.

ISOLINA: —No se diría. Van diez minutos de oratoria, y papá está harto, se le ve en los párpados.

SEÑOR ROBLEDO: —¿Y qué más, señor hijo mío?

ANÍBAL: —Todo. Mil cosas. Bah, nada.

SEÑOR ROBLEDO: —Muy bien. Ahora escúchame, y también tú, Isolina. David se marcha porque yo lo quiero y porque es necesario. Nada me apartará de esta decisión. David se marcha. Pero puedo decirles que su partida no es un hecho aislado, sino la necesaria puesta en marcha de una política. Esto se irá viendo después.

ISOLINA: —¿Es que David molesta tu política, papá?

ANÍBAL: —Es estupendo que lo eches, pero la medida misma nos da un miedo atroz. Es... ilógica.

ISOLINA: —¡Aníbal! ¡Esa palabra!

ANÍBAL *(Confuso):* —Perdóname. Tenés toda la razón.

ISOLINA: —Papá... ¿me dirás a mí por qué lo echas?

SEÑOR ROBLEDO: –No. Por otra parte no te veo demasiado triste.

ISOLINA: –Por supuesto que no. Creo que haces muy bien. Lo que simplemente ocurre es que no entiendo.

ANÍBAL *(Al señor Robledo):* –Vos eras carne y uña con David.

SEÑOR ROBLEDO: –La uña se aparta segundo a segundo de la carne, probando la profunda imbecilidad de la metáfora.

ISOLINA: –Nosotros dos... *(Aníbal le hace un gesto para que calle. Entra el Caballero y habla al oído del señor Robledo).*

SEÑOR ROBLEDO: –Está bien, que espere. *(Volviéndose rapidísimo a sus hijos).* Ya pueden tirar esa cajita azul.

ANÍBAL: –¿Esa cajita... azul?

ISOLINA *(Aterrada):* –¡Cállate!

SEÑOR ROBLEDO: –Esa cajita azul. Váyanse. *(Los dos salen, y se cruzan con David que entra resuelto).*

DAVID: –Buenas noches.

SEÑOR ROBLEDO: –Adiós, señor arquitecto.

DAVID: –No, esto no es un adiós. *(Saca papeles).* Anteayer acordamos ampliar esta porción de las caballerizas. Me tomará dos meses dejar listo el trabajo. Me quedo.

SEÑOR ROBLEDO: –He dado un bando.

DAVID: –Basta un segundo que lo anule. Usted ya sabe de eso. Me quedo, maldita sea. Quisiera estar tan lejos de aquí, al otro lado de los bosques.

SEÑOR ROBLEDO *(Suave):* –El bando lo ayudará.

DAVID: –No. Todo iba bien hasta el bando. No me gusta que me echen. Lo peor es que tampoco usted quiere echarme.

SEÑOR ROBLEDO *(Como un loro):* –Lo peor es que tampoco yo quiero echarlo.

DAVID: –¿Por qué, entonces? *(Mirándolo).* Para ayudarme, ¿verdad? Sí, viejo amigo, para ayudarme a salir con bien de aquí.

SEÑOR ROBLEDO: –Ni por un momento...

DAVID: –Basta. Quiero decirle esto: no me importa quedarme y que el cielo me caiga encima con sus horribles cornisas de fósforo. Nada de frases, David... Me quedo, y usted no debe afligirse. Vuelva a sus estudios, al cálculo de esa distancia estelar que le interesa. Yo vendré a ayudarlo algunas noches.

SEÑOR ROBLEDO: –Hace mal, hace tan mal. En fin, daré otros bandos para protegerlo un poco.

DAVID: –¿Protegerme?

SEÑOR ROBLEDO: –Sí, protegerlo. *(Pausa).* Yo quería quedarme solo con ellos.

DAVID: –Contra ellos.

SEÑOR ROBLEDO: –Es lo mismo.

DAVID: –Pensar que yo podría ayudarlo. Y que en cambio... *(se oye la voz de Aníbal, llamando: "¡Isolina!").* Exactamente. Bueno, hasta pronto. *(Sale)*

(Entra el Chico de al Lado).

CHICO DE AL LADO: –Señor Robledo, vengo a decirle que su último bando me ha producido una íntima satisfacción, y que me siento honrado de expresarla en este momento. *(Sonríe)*.

SEÑOR ROBLEDO: –Andáte a la puta que te parió. Y perdoná el mal español. *(El Chico de al Lado sale, tropezándose)*. ¡Ah, David, David, muchacho mío! ¡Esa distancia estelar! *(Pausa)*. ¿Podrá ayudarme a encontrarla?

ESCENA VII
Claro en el bosque
El Caballero, Leticia

EL CABALLERO: –Y se casaron, y fueron felices y comieron muchísimas perdices.

LETICIA: –Lindo final. *(Se enjuga una lágrima).* ¿Dónde están los chicos? *(Golpea en un tronco con su palo de sándalo, y algo huye entre las hierbas).* Te he salvado la vida, Caballero.

EL CABALLERO: –Gracias.

(Entran Aníbal e Isolina).

ISOLINA: –¿Han visto que se queda?

LETICIA: –Sí. Nosotros dos nos quedamos siempre.

ISOLINA: –Pero el bando, el bando...

ANÍBAL *(Le muestra un girasol que trae en la mano):* –Mirá tu bando.

EL CABALLERO: –A propósito. *(Despliega un pergamino y lee).* "El señor manda: El niño Aníbal aprobará sus exámenes en el próximo turno. La niña Isolina deberá dejarlo en libertad durante el día. Se les concede una conversación y un paseo después de las comidas". ¡Adiós! *(Sale, y Leticia lo sigue corriendo).*

ANÍBAL: —Esto es los que el viejo llama la política.

ISOLINA: —Corazón mío, peor es lo que le ha hecho al Chico de al Lado. Lo encontré afligidísimo hace un rato, dijo que papá le ha afectado los centros nerviosos mediante un malsano insulto.

ANÍBAL: —Y como siempre, la culpa...

ISOLINA: —Claro.

ANÍBAL: —En fin, obedeceremos, ¿verdad? Por ejemplo, ¿tiraste la cajita azul?

ISOLINA: —¡Claro! La obediencia ante todo. Total, estaba vacía.

ANÍBAL *(Mirándola fijamente)*: —¿Así que la tiraste?

ISOLINA: —Sí, rota en cinco mil pedacitos azules. ¿Para qué sirve una caja vacía?

ANÍBAL: —Realmente. Sería como un barrilete sin hilo.

ISOLINA: —O un arco sin alambre. *(Se miran)*.

(Entra el Chico de al Lado).

CHICO DE AL LADO: —Estoy sumamente deprimido.

ISOLINA: —¡Venga, mi lindo, mi muñeco! *(Lo mima. Aníbal, que parece muy inquieto, mira de pronto el matorral de la izquierda. Mientras Isolina y el Chico de al Lado se acarician, levanta con cuidado el palo de sándalo abandonado por Leticia, y se va con él. Isolina y el Chico de al Lado se besan. En momentos en que el telón descendía lentamente, se oye un ruido seco, como de zarpas en el suelo. El telón baja hasta un punto que sólo permite oír las voces y ver las piernas de los actores)*.

VOZ DE ISOLINA *(Aterrada)*: —¡Aníbal, An...!

Voz del Chico de al Lado: —¡Aaah! *(Se ven sus piernas huyendo. Los pies de Isolina giran, parecen danzar, uno de ellos se alza, y luego cae el telón coincidiendo con el golpe sordo de su cuerpo en el suelo).*

ESCENA VIII
La misma
Isolina, Isolina, David

El telón se alza inmediatamente. En el suelo, el cuerpo de Isolina. Subida a un árbol, Isolina con la cara muy blanca. Entra David, tambaleándose.

DAVID: −¡Isolina! *(Se arrodilla junto al cuerpo. Entra el Chico de al Lado, con miedo).*

CHICO DE AL LADO: −Estaba conmigo, y la picó una mancuspia. *(Al ver que David no lo mira, se va paso a paso. Isolina le saca la lengua desde el árbol, pero él no la ve aunque sus ojos miran en esa dirección. Sale).*

DAVID: −Isolina, mi pobre cosa querida... *(Le da un hipo convulsivo).* Como en Romeo y Julieta... Sí, ese helado de crema...¡Qué hábil repostera hacías, oh máquina de hielo! *(Se lleva las manos al estómago)* Yo quería quedarme para... Tan inútil... Y ahora va delante, me ganas por cinco minutos... ¡Ah, te alcanzará, te alcanzaré! *(Muere).*

ISOLINA *(Erguida en el árbol, con una voz terrible):* −¡Nunca!

TELÓN

M.S. "ANNA C", abril de 1950.

NADA A PEHUAJÓ

ACTO ÚNICO

*La escena representa un restaurante. La disposición de las mesas
y los colores deberá sugerir, sin énfasis, un tableros de ajedrez. Esto
puede lograrse mediante una alfombra a cuadros: las mesas estarán ubicadas sobre determinados cuadros, de los que serán como
proyecciones verticales. A la derecha, puerta de entrada. A la izquierda, paralelo a la pared, un mostrador tras del cual está el Empleado. El mostrador tendrá un aire oficinesco o de recepción de hotel (timbre, carpeta, calendario, etc.) En la pared del fondo, puerta
que da a la cocina. Hay nueve mesas en total.*

*Al levantarse el telón, en una mesa del fondo a la izquierda estará
sentado el Hombre de Blanco, vestido de smoking, con aire de atil-
dado maestro de ceremonias. Su mesa estará puesta para 2 o 3 personas, pero los mozos no se acercarán en ningún momento de la acción. El Empleado, de negro, suma las cifras de una planilla, de
codos sobre el mostrador. En una mesa del sector central se sienta el
Cliente, hombrecillo de aire insignificante y ropas limpias pero raí-
das. El Maître está cerca de la boca de la escena, dominando el con-
junto de las mesas. Se oye una música vulgar de violines gitanos.
Los Mozos I y II vienen del fondo trayendo copas y cubiertos que el
Maître revisa atenta y severamente. Esto deberá tener cierto aire de
ritual, los Mozos y el Maître repetirán determinados movimientos,*

pero sin forzar el tono. En uno o dos casos el Maître rechazará el cubierto o copa que le presentan, y el Mozo se retirará con aire confuso.

La música cesa bruscamente. El Maître y los Mozos quedan inmóviles, en la actitud en que los ha sorprendido el silencio.

Con un movimiento ostensible peno no exagerado, el Hombre de Blanco adelanta una copa, arrastrándola sobre el mantel, como quien hace una jugada de ajedrez.

El Empleado, sin mirar al Hombre de Blanco, corre el teléfono repitiendo la impresión de jugada. Inmediatamente el Maître y los Mozos recobran el movimiento y continúan sus acciones, en momentos en que entra el señor López –gordo, cadena de oro, traje azul a rayas, portafolio–. El Maître y los Mozos lo atienden con gran deferencia y lo instalan en una mesa central.

Maître y Mozos: –Señor López, Señor López.

Sr. López: –Un calor horrible *(se seca ríos de sudor del cogote)*. Temperatura en paulatino ascenso. Las isobaras, un horror. Hielo. *(Un Mozo corre en busca de un balde de hielo, copas, agua, etc.)*

Maître: –Hace tres días que no teníamos por aquí al señor López.

Sr. López: –Mi mujer que ha vuelto de Chile. Hay que contemporizar.

Maître: –¿No tendremos el honor de recibir un día a la señora de López?

Sr. López: –La señora de López es vegetariana. *(Ríe a carcajadas).* ¡Vegetariana! ¡Inaudito!

Maître *(Riendo forzadamente):* –No olvide Ud. que aquí tenemos el famoso panaché de legumbres que hace las delicias de nuestra clientela delicada del estómago. *(Confi-*

dencial). El señor Juez, por ejemplo *(señala una mesa de primera fila)* no come más que legumbres. Es triste, en cierto modo, cuando se piensa en nuestros conejos, en nuestros mariscos... *(El Sr. López se relame).* Por cierto que el señor Juez se ha retrasado esta mañana. ¡Ah, ustedes los caballeros importantes! Es terrible cómo los absorben las ocupaciones...

SR. LÓPEZ: –Nos devoran, querido, nos devoran. Nosotros venimos a comer aquí un conejo, pero en otro lado, en alguna otra mesa, nos están comiendo a nosotros ¡Como conejos! *(Ríe estrepitosamente).*

MAÎTRE: –Nunca se me había ocurrido pensarlo desde ese punto de vista. Sí, claro, bien mirando...

(Entra la Turista Americana, vestida de turista americana. El Mozo I se apresura a instalarla en una mesa del fondo y a la derecha. Se oyen algunos compases de Spangled Stars and Banners).

TURISTA AMERICANA *(Con un manual de conversación en la mano):* –Eh... estey magníficou ejémplou dei larkitec... chur colónial... Oh dear, wrong again! *(Hojea el manual)* ¿Dóndey sta mi ekipájei?

MOZO I: –Si madame permite. *(Le busca una página).*

TURISTA AMERICANA: –¡Ou, tánkia! méi hácei el favohr dei dármei un húgou de frúta.

MOZO I: –Sí, señora.

TURISTA AMERICANA: –Y el guío telefóunico.

MOZO I: –Sí, señora.

TURISTA AMERICANA: –Y yo kisiéra comer algo vívou.

Mozo I: –¿Vivo, señora?

Turista Americana: –Quiérou decir, yo tiene que ver primé-rou lo que voy a comer y decir O.K.

Mozo I: –Imposible, señora. A menos que... Ahora que re-cuerdo, tenemos un pollo de reserva, alimentado a le-che y vitaminas. Tubos y tubos de complejos de vitami-nas. En realidad yo podría traérselo para que lo viera.

Turista Americana: –Mí quiere tortuga viva.
(El Mozo I hace señas de perplejidad al Maître, que se acerca y habla vivamente con la Turista Americana, sin que se oigan sus palabras. Lo principal del diálogo consistirá en que el Maî-tre y la Turista Americana señalarán sucesivamente diversos párrafos del manual de conversación, asintiendo y negando con la cabeza).
(Entran el Arquitecto –de gris, muy correcto– y la Señora –de gris, muy correcta–. Se sientan en una mesa de la zona central izquierda, y son atendidos por el Mozo II. El Mozo I lleva la guía telefónica a la Turista Americana, que parece convencida después del diálogo con el Maître, y que se pone a consultar la guía con gran dedicación. El Sr. López chasquea los dedos y el Maître se acerca solícito).

Sr. López: –Perfecto, perfecto. Ya que no lo quiere, tráiga-melo a mí.

Maître: –Pero está vivo, señor López.

Sr. López: –Bueno, en realidad alguna cez me gustaría ver de veras lo que voy a comer. Creo que nunca vi un po-llo vivo. Y en el plato no se los reconoce demasiado. Sin las plumas, imagínese.

Maître: –Y sin el pico, pobre ángel.

Sr. López: –Sin las patas, sin el pico... Sí, tráigalo y lo convenceremos. *(El Maître se inclina y sale, pero antes se acerca a la mesa del Arquitecto y saluda con gran dignidad pero mucho menos efusivamente que al Sr. López. El Arquitecto responde con una inclinación de cabeza. El Maître sale por la puerta del fondo).*

El Arquitecto *(A la Señora):* –¡Ah, señora, qué placer tenerla aquí, ante esta mesa humilde pero de excelentes proporciones! *(El Mozo II se para al lado y espera las órdenes).*

Señora: –El placer es mío, señor arquitecto. Almorzar con usted me parece tan agradable como instructivo. Mi esposo es... ¿cómo decir? Tan sencillo, sabe usted. Resulta difícil arrancarle una palabra, en parte porque come y duerme con un apetito extraordinario, y en parte porque no tiene nada que decir. Con usted es diferente. ¡Todo lo que aprendo sobre arquitrabes, molduras y marsopas!

El Arquitecto: –Metopas, querida señora.

Señora: –Metopas. Tomaré el consomé napolitano.

(Entra el Maître trayendo al Pollo con una cadena al cuello. El Pollo se resiste, pero no demasiado).

Sr. López *(Mirándolo severamente):* –¡Pollo! ¿Vas a dejarte cocinar?

Pollo *(Se para en posición de firme, hincha el pecho y habla con enorme violencia):* –¡¡No!!

(Viva sensación entre los presentes. El Maître se resiste a creer).

Maître: –Ruego a Ud., señor López. Se trata solamente de un pollo. Apenas tiene cerebro, usted sabe. Habla por hablar. En el fondo es bueno. Yo lo convenceré.

Sr. López: –Nunca me ha ocurrido esto en un restaurante. Nunca. Es inaudito.

Maître: –No se violente, señor López, es malo para su presión. Permítame retirar el animal y volveré en seguida para... *(Le habla al oído. El Pollo los mira atentamente).*

Sr. López: –No, no, basta de complicaciones. Si no quiere, no quiere. Que se lo lleven y me traigan un plato de hongos. *(El Pollo se sobresalta violentamente).*

Pollo: –¡Un plato de hongos!

Sr. López *(Furioso):* –Sí. Un plato de hongos. Un hongo al lado de otro. Muchísimos riquísimos hongos. *(Con gran petulancia).* Vete de aquí, bestia repugnante.

Pollo *(Reflexionando, primero sobre una pata y después sobre la otra):* –¡Me cambia por un plato de hongos! *(El Maître le habla al oído. El Pollo tiembla, hace gestos negativos. El Maître insiste. Poco a poco el Pollo se va convenciendo, y se deja llevar de la cadena, mirando continuamente al Sr. López).*

Maître: –¡En seguida volveremos, señor López!

(Salen. Los Mozos I y II traen platos diversos al Sr. López, que dará la impresión de estar devorando un copioso almuerzo en contados segundos. Reaparece el Maître con una fuente en la que se distinguen las patas y las alas de un pollo. El Sr. López empuña una pata y come vorazmente).

Maître: –Se portó muy bien. Escribió una carta a su madre, bebió un trago de ron Negrita y caminó con valor hasta la cocina. Sus últimas palabras fueron: "Nada de hongos en mi salsa". He creído delicado acceder a su postrer pedido y como verá usted, señor López, el animal está saltado a la manteca y rociado con una salsa de menta donde sobrenadan unas finísimas rebanadas de ajo.

Sr. López *(Tragando):* –Un pollo muerto vale por dos vivos. Ya me parecía que no se ganaba nada con verlos. No sirven más que para hacer escenas. ¿Se da cuenta? *(Indignado)* Uno ya no sabe qué pensar. Son todas esas emanaciones nuevas que andan por el aire. Los neutrones y esas cosas.

(El Hombre de Blanco corre un cubierto, dando como siempre la impresión de hacer una jugada. Entra el Defensor, hombre maduro que usa traje con chaleco cruzado de otro color, todo muy correcto. Para sentarse en la mesa libre del fondo, el Defensor toma la silla y la acerca con un movimiento en diagonal, dando la impresión de que contesta al movimiento del Hombre de Blanco. Instantáneamente el Cliente se pone de pie y, con cierta timidez, se aproxima al mostrador).

Cliente: –¿Aquí es la empresa de transportes?

Empleado: –Sí, señor *(lo mira un poco como un entomólogo a un bicho).*

Cliente: –Vea, yo tengo unas cosas que trasladar de Buenos Aires a Pehuajó.

Empleado *(Abriendo un gran libro):* –De Buenos Aires a Pehuajó.

Cliente: –Sí. Varios efectos personales.

Empleado *(Anota):* –Efectos. ¿Solamente efectos?

Cliente: –Sí. Personales.

Empleado: –Muy bien. Si no hay más que efectos, paciencia. Siempre es lo mismo, qué le vamos a hacer.

Cliente *(Con alguna sorpresa):* –Sí, son ocho vajillas grandes, una mesa de luz, un cajón de libros y un mono embalsamado.

EMPLEADO *(Anotando):* –Y un mono embalsamado.

CLIENTE: –Sí, de Buenos Aires a Pehuajó.

EMPLEADO: –Efectos personales.

CLIENTE: –Personales.

EMPLEADO: –¿El mono también es un efecto personal?

CLIENTE: –Naturalmente.

EMPLEADO *(Anotando):* –Efecto personal.

CLIENTE: –Quisiera que me hagan en seguida el transporte

EMPLEADO: –Sí, señor. En seguida.

CLIENTE: –Lo antes posible.

EMPLEADO: –Sí, señor. Se puede hacer lo antes posible o lo después posible, depende del transporte que usted elija.

CLIENTE *(Perplejo):* –¿Yo tengo que elegir?

EMPLEADO: –Por supuesto. Usted elige y nosotros fletamos.

CLIENTE: –Muy bien. Voy a elegir ahora mismo.

EMPLEADO: –Toda elección se hace ahora, señor. No hay elecciones pasadas ni futuras, por lo menos en teoría.

CLIENTE *(Un poco abrumado):* –Cierto, lo tengo leído en alguna parte. Y bueno, entonces elijo.

EMPLEADO *(Abriendo una carpeta):* –Vamos a ver. Usted dijo ocho valijas, una mesa de luz, un cajón de libros y el antropoide, ¿no?

CLIENTE: –Sí, pero no es un antropoide. Apenas un tití. Se llamaba Heriberto, nombre que le puso mi esposa que en paz descanse.

EMPLEADO: —Un cajón de libros y el animal llamado Heriberto. (*Consulta la carpeta*). Vamos a ver. De Buenos Aires a Pehuajó... a Pehuajó... Aquí está. Para las valijas puede elegir entre transporte por perros, por tren rápido y por tren de carga.

CLIENTE: —Por tren rápido, naturalmente.

EMPLEADO: —El tren rápido no para en Pehaujó.

CLIENTE: —¿Entonces por qué me lo propone?

EMPLEADO: —Las valijas se pueden llevar en el tren rápido hasta Bahía Blanca, y de ahí vuelven a Pehuajó por lo que usted elija: perros, tren rápido o tren de carga.

CLIENTE: —Pero si de ida no para en Pehuajó, me parece un poco... Mejor el tren de carga, entonces.

EMPLEADO: —¿Usted dijo que tenía apuro?

CLIENTE: —Sí, bastante.

EMPLEADO: —Entonces no le aconsejo el tren de carga para las valijas, porque tardan años en llegar a Pehuajó. En cambio le conviene para la mesa de luz y el cajón de libros. Llegan en seguida.

CLIENTE: —No entiendo. Si llevando las valijas...

EMPLEADO: —Llevando las valijas es muy distinto que llevando la mesa de luz. Una mesa de luz es... ¿cómo le voy a decir?, es un mueble liviano. Su nombre mismo lo indica. Flota un poco, si se pone a pensarlo.

CLIENTE: —¡No flota nada! ¡A mí nunca una mesa de luz me ha flotado!

EMPLEADO: —Usted dormía, a esa hora...

CLIENTE *(Una pausa. Mirándolo asombrado)*: –¿Y el cajón de libros, también es liviano? ¿También flota, el cajón de libros?

EMPLEADO *(Seco)*: –El cajón de libros tiene privilegio especial del Ministerio. Los libros deben llegar antes que nada. Es una cuestión de cultura. ¿Usted no lee *El Correo de la Unesco*?

CLIENTE *(Que renuncia a entender)*: –Bueno, está bien. Esas cosas mándelas por el tren de carga. Y las valijas mándelas... Mire, me da igual, mándelas como quiera.

EMPLEADO: –Ah, eso no. Usted tiene que elegir. Le repito: se pueden mandar por tren rápido, tren de carga, y por perros.

CLIENTE: –¿Por qué no me aconseja el mejor sistema?

EMPLEADO: –Lo mejor sería el tren, naturalmente, pero en el caso de las valijas yo le aconsejaría los perros.

CLIENTE: –¿Y qué es eso?

EMPLEADO: –Perros. Tenemos muchísimos perros que llevan valijas de Buenos Aires a Pehuajó. Es un método sencillo pero sólido, de resultado más que probable.

CLIENTE: –Los perros... ¿llevan las valijas?

EMPLEADO: –Sí. Usted tiene ocho valijas, creo. Pienso que con tres perros por valija... es decir veinticuatro... Agregando cinco por cualquier imprevisto... Perfecto. Entonces, queda decidido. Firme esta boleta. *(Sonríe satisfecho, pero se sobresalta)* ¡Ah, pero todavía falta el animal embalsamado!

CLIENTE: –El mono, sí.

EMPLEADO: –El mono, eso es. El transporte de este mono es complicado. Usted va a tener que elegir... y realmente no es muy fácil. En fin, yo le leo la lista de medios de transporte y usted decide. El antropoide puede ser fletado por correo certificado riesgoso; por los boyscouts aprovechando la carrera de resistencia con carga entre Buenos Aires y Bahía Blanca; en camión ordinario; en camión precario; en tren rápido; en tren de carga y por perros.

CLIENTE: –¡Dios mío!

EMPLEADO: –Es lo que se dice siempre. Casi me asombra que la Compañía no lo imprima al final de la lista.

CLIENTE (*Retorciéndose las manos*): –¿Qué voy a hacer? ¡Es tan complicado! ¡Es tan difícil elegir!

EMPLEADO: –Sí, es difícil. Y sobre todo comprometido, porque el mono puede averiarse. Yo que usted, por ejemplo, no lo mandaría por los perros. Un peligro gravísimo.

CLIENTE: –¿Y entonces? (*Casi llorando.*) ¿Qué hago, entonces?

EMPLEADO: –En fin, un poco puedo ayudarlo. Lo mejor va a ser que lo mande por correo certificado riesgoso.

CLIENTE: –¿Qué es eso... riesgoso?

EMPLEADO: –Quiere decir que en realidad está prohibido mandar antropoides embalsamados por correo. Si le abren el paquete en alguna oficina, se acabó el transporte.

CLIENTE: –¿Y qué pasa?

EMPLEADO: –No sé, supongo que le confiscan el cuadrumano, o lo devuelven al remitente con una carta amenazante. Es terrible el lenguaje que emplean. Yo casi le aconsejaría que no lo mandase. *(Con un tono casi íntimo)*. Realmente, ¿por qué no se queda con el antropoide? ¿Por qué lo tiene que mandar a Pehuajó?

CLIENTE: —Se lo mando a mi cuñado que lo quiere poner en la sala.

EMPLEADO: —¡Vea qué razón! ¿Tiene sentido molestar todo el sistema de transportes de una compañía como ésta para que su cuñado, esa perfecta basura, ponga un mono embalsamado en la sala? *(Amenazante.)* ¿No se da cuenta del absurdo? ¿No le dan miedo las consecuencias de su acto?

CLIENTE *(Contrito):* —Yo creía que uno puede mandar lo que quiera, siempre que pague.

EMPLEADO: —¡Lo que quiera! ¡Lo que quiera! ¡Estaríamos arreglados! Supongo que aquí viene un individuo con una estampilla del Congo Belga y pide que la expidamos a Catamarca. ¿Usted se da cuenta del lío en que nos mete? ¿No sabe que para fletar una estampilla usada hay por lo menos treinta y seis maneras, sin contar los perros, y todas precarias?

CLIENTE: —Sí, pero...

EMPLEADO: —¡No señor, es que en el mundo reina la inconsciencia! ¡La gente dispone de las empresas y de los servicios públicos con un cinismo horrible! Vea ese tipo que se ha sentado ahí *(señala hacia el Defensor, que ha alzado la mano y hace señas al Mozo I)*. ¿Usted tiene una idea de lo que va a pasar? El individuo ha entrado con el desparpajo más absoluto, se ha instalado en una mesa, fastidiando al mozo que se le acerca, pobre hombre cubierto de hijos y de horas de trabajo, y ahora va a ver usted que ese desconsiderado; ¡le va a pedir un CAFÉ!

EL DEFENSOR: –Un café.

MOZO II: –¡Aaah! *(Cae desmayado)*.

EMPLEADO: –¿Ve? Se lo decía. Ahora esta noche en el hogar de ese pobre obrero va a reinar el dolor más profundo. Y no se puede impedir, eso es lo malo. No se puede hacer absolutamente nada para impedirlo.

CLIENTE: –Pero ese señor no hizo más que...

EMPLEADO: –¿Qué sabe usted lo que verdaderamente hizo? Usted vio el final de la cuenta, el resultado. Pero todas las cifras amontonadas, las columnas y columnas *(con énfasis, alzando progresivamente la voz)* y columnas y columnas...

EL ARQUITECTO *(Que dibuja en el aire con las dos manos, coincidiendo con las últimas palabras del Empleado)*: –Y ahora otra, y otra, y otra, y eso se llama el Partenón.

SEÑORA: –¡Qué regio! *(pronunciando "rágio")*.

EL ARQUITECTO *(Cortando su efusión, con tono seco y mecánico)*: –Es muy desagradable que en este lugar los mozos se desmayen a cada rato. *(El Maître y el Mozo I ayudan a levantarse al Mozo II, que reanuda su trabajo)*.

SEÑORA: –Parecería que hay un cierto mefitismo en el ambiente.

EL ARQUITECTO: –Serán los "hors d'oeuvre". La predominancia del salmón sobre el escalope.

SEÑORA: –Y el gusto por el encierro, créame. No es como el Partenón, tan ventilado...

(Entra el Juez, que se encamina presuroso a su mesa –primera fila, en el centro–, y desempaqueta la balanza que traía bajo el brazo. El Juez deberá estar vestido como para que se comprenda que es un juez. Casi al mismo tiempo entra la

Mujer de Verde[2]*, que mira en torno como si el lugar le llama-*
ra un tanto la atención. El Maître la ve y acude a su mesa
—primera fila, a la derecha—, pasando junto a la del Arquitecto).

EL ARQUITECTO: —La pimienta, por favor.

MAÎTRE: —Ahora mismo, señor arquitecto. *(Se acerca a la me-*
sa de la Mujer de Verde).

MAÎTRE: —Buenos días, señora. Me permito pedirle un momento la pimienta. Esta mañana había una pimentera
en cada mesa, pero a lo largo del almuerzo ocurren
aquí cosas extrañas.

MUJER DE VERDE *(Señalando al Juez):* —¿Quién es ese señor
tan...?

MAÎTRE: —Un juez, señora. Es un juez.

MUJER DE VERDE *(Para sí misma):* —Claro. Tenía que ser.

MAÎTRE: —Viene a almorzar todos los días *(bajando la voz)*, salvo algunas lamentables excepciones.

MUJER DE VERDE: —Un Juez... *(Como estableciendo de golpe una re-*
lación). ¿Y esa balanza, entonces, será la balanza de la ...?

MAÎTRE: —¡Oh, no señora! Es una balanza pesalegumbres. El
juez sufre del duodeno, esa víscera horrible. No puede
comer más que cierta cantidad de gramos de zanahorias. Aquí podríamos pesarlas, pero él desconfía. *(Con*
aire de entendido). Es la profesión...

MUJER DE VERDE: —¿Ustedes le cocinan las zanahorias y él las pesa?

MAÎTRE: —Sí, señora. Con esa balanza.

MUJER DE VERDE: —¿Y va y viene con la balanza?

---

(2) *Este papel ganaría si lo representara un hombre.*

MAÎTRE: —En efecto.

MUJER DE VERDE: —Es raro. Bien podría dejarla aquí.

MAÎTRE: —Es lo que yo pienso. Hasta se lo he propuesto, pero no quiere. Supongo que tiene miedo de que los mozos se la estropeen.

MUJER DE VERDE: —O que se la falseen para que marque 20 gramos de zanahorias mientras ustedes solamente le sirven 15 gramos.

MAÎTRE: —¡Señora!

MUJER DE VERDE: —Yo no he dicho que ustedes vayan a hacerlo. Además, zanahorias...

MAÎTRE: —Claro. Todavía si fuese caviar...

EL ARQUITECTO *(A gritos):* —¡La pimienta!

MAÎTRE: —¡Ah, me olvidaba! *(Toma el pimentero).* Con su permiso, señora. Los mozos la atenderán en seguida.

MUJER DE VERDE *(Deteniéndolo con un gesto):* —Usted dijo que el juez viene todos los días, salvo... ¿Cómo dijo usted?

MAÎTRE *(Confuso):* —Dije... me parece... salvo algunas lamentables excepciones.

MUJER DE VERDE: —¿Y eso qué significa?

MAÎTRE: —No sé si debería decirlo a la hora del almuerzo. Podría resultarle desagradable. La digestión de la señora a lo mejor es más bien delicada.

MUJER DE VERDE *(Sonriendo fríamente):* —Si me quedo con la curiosidad va a ser peor. *(Poniéndose una mano como pantalla)* Soy toda oídos.

Maître: −Usted lo ordena, señora. El juez no viene nunca a almorzar... *(inclinándose para hablarle al oído, pero a gritos)* ¡¡cuando decapitan a alguno de sus condenados!!

El Arquitecto: −¡¡La pimienta!!

(El Maître corre a llevar la pimienta. La Mujer de Verde se quita la mano de la oreja y la examina cuidadosamente, como si buscara en ella un resto de las palabras del Maître).

Mujer de Verde: −Bueno, me equivoqué otra vez de restaurante. Está visto, nunca podré comer en paz. *(Mirando en torno)* Ahora los reconozco a todos, claro... A todos. ¿Cómo puedo ser tan ciega y meterme siempre donde no me gusta estar? ¡Qué vocación insensata! Otra vez, y otra vez, y otra vez... *(Se encoge de hombros).*

(Entran Franco y Gina, de la mano, un poco hoscos. Son muy jóvenes, con un aire entre ingenuo y desafiante. Van a sentarse a la mesa de la primera fila a la izquierda. Son cada vez más jóvenes y se aman. El Mozo I se acerca).

Mozo I: −¿Los jóvenes desean agua mineral?

Gina: −Traiga cualquier cosa menos tortugas, cualquier cosa menos noticias políticas.

Franco: −Traiga sobre todo una gran tranquilidad. *(El Mozo I anota y se aleja con aire atareado)* Gina...

Gina: −Franco.

Franco *(Cansadamente):* −Otro almuerzo. Otras arañas peludas disfrazadas de tenedores. Otros tajos en la piel disfrazados de cuchillos. Y la comida, es decir montones de cosas vivas arrancadas, peladas, estrujadas, deshechas. En un plato. Y ahora hay que metérselo en la boca y recomenzar. Trituración, salivación, deglución, ingurgitación, digestión, evacuación. Todos los días, todas las noches.

GINA: –¡Bravo! Se ve la influencia. Pero este no es el café de Flores, querido. Más bien hay fauna que flora, aquí... Y a mí me duele la cabeza.

FRANCO: –No me extraña. La cabeza es al revés de los faros. Parece un faro, con sus dos luces en lo alto de la torre. Pero en vez de prevenir los naufragios, los provoca y luego los deplora. Somos unos fareros asombrosos. Algo así como flores que tuvieran alergia al perfume. ¿Te imaginás una violeta estornudando todo el día?

GINA. –Me duele la cabeza. Hasta el pelo me duele.

FRANCO: –¿Hago unos pases? *(le acaricia suavemente la frente y las sienes).*

GINA: –¿Creés en eso, vos?

FRANCO: –Yo no. Pero hacen bien, es un hecho.

GINA: –¿Por qué estamos aquí?

FRANCO: –Aquí o en otra parte... Hoy es uno de esos días en que uno está como en un barco o en un avión, flotando entre dos elementos, al margen de todo... O como en el teatro, o soñando. En realidad no es así, pero se le parece. Tomálo como una comparación.

GINA: –Sí... lo malo es no tener la seguridad.

FRANCO: –¿De qué?

GINA: –De que hay razones para estar así, para sentirnos así.

FRANCO: –¿Y por qué tiene que haber razones? ¿Acaso podemos conocer todo lo que influye en nosotros? ¿Por qué no puede haber razones desconocidas, cosas que están ocurriendo?

GINA: –O que ya ocurrieron.

FRANCO: –O que ocurrirán después. Hoy estamos raros, no tenemos ni siquiera ganas de querernos. Por algo será. Algún aniversario desconocido, un hueco negro en el almanaque. Vaya a saber.

GINA: –Yo te quiero aunque no tenga ganas. No digas que no.

FRANCO: –No digo nada. Hoy es como si otro mandara en mí. Alguien que no me quiere, o que me quiere demasiado. Curioso, antes hablabas de influencias... Esto es distinto, pero también se siente como una influencia. Algo que me llena la cabeza de cosas horribles que le han pasado a otro.. y que me duelen como si me pasaran a mí.

GINA: –¿Y yo, entonces? Yo creo que es por eso que me duele la cabeza. Porque a mí me duele muchísimo la cabeza, Franco.

(Franco la atrae hacia él y le hace pases en la frente, mientras el Mozo I se ingenia para disponer trabajosamente platos y fuentes en la mesa. Deberá darse la impresión de que los gestos de Franco y Gina traban involuntariamente la labor del Mozo I).

MOZO I: –Atención. Ustedes empiezan con el Potage à la Sainte-Façon. Tienen cuatro minutos para comerlo antes de que se cuaje y no sirva para nada.

GINA: –¿Cómo? ¿Se cuaja?

MOZO I: –Sí, de golpe. Se cuaja y se convierte en una masa seca llena de bordes filosos. Sería peligrosísimo que ocurriera en el momento en que están tragándola. A un señor le pasó el otro día. *(Se tapa los ojos.)* ¡Era horrible! ¡Le salían las puntas verdes por la garganta! ¡Y toda esa sangre! *(Gina y Franco se miran, destapan la sopera y empie-*

zan a comer velozmente. Al terminar sonríen y suspiran, ali-
viados).

GINA: –¡Qué buena sopa!

FRANCO: –Sí, sobre todo los pequeños cangrejos eran tan sa-
brosos.

GINA: –No eran cangrejos.

FRANCO: –¿Cómo que no? Sí que eran. Sentí muy bien sus
patas al tragarlos.

GINA *(Después de una pausa):* –Creo que nos hemos salvado
por pocos segundos.

(Entra el Vendedor, un poco con el aire de Jean Vilar en Les
Portes de la Nuit, Carné. Gorra, canasta al brazo, aire mo-
desto pero seguro de sí mismo. En el momento en que fran-
quea la entrada, el Hombre de Blanco hace una jugada. El
Juez contesta alejando de sí la balanza. El Vendedor se
acerca directamente a su mesa. Durante toda la acción, el
Maître y los Mozos darán las impresión de que no ven al
Vendedor).

EL VENDEDOR: –Señor... ¿Puedo ofrecerle un tiralíneas verde?

JUEZ *(Digno y severo):* –No, gracias.

EL VENDEDOR: –Repare en que es un artículo único. Está
completamente agotado en el mundo entero.

JUEZ: –No, gracias.

EL VENDEDOR: –Y eso le da un valor enorme. No quedan más
que ocho. Si usted me compra uno, hará un gran negocio.

JUEZ: –¿Por qué un gran negocio?

EL VENDEDOR: –Por el precio. Apenas usted me compre uno,
me quedarán solamente siete, y como es natural tendré

que cobrarlos más caros. El que usted compre le sale a veinte pesos menos.

Juez: –Pero yo no necesito un tiralíneas verde.

El Vendedor: –Está bien. No quiero ser ingenioso y decirle, verbigracia, que no hay nada más horrible que comprar las cosas porque se las necesita y solamente por eso. No quiero decirle que un tiralíneas verde es el objeto más bello, más extraño, más delicadamente siniestro que se puede tener sobre una mesa de luz, rodeado de sueño. No, no le diré nada de eso.

El Juez: –Sería inútil, ciertamente.

El Vendedor: –Buen día, señor.

El Juez: –Buen día. (*Atrae hacia sí la balanza. El Vendedor va hasta la mesa del Señor López*).

El Vendedor: –¿Señor, puedo ofrecerle un libro de destrabalenguas?

Sr. López (*Groseramente*): –No, no puede.

El Vendedor: –Detrás de un jacarandá viejo vi tres caras juntas a un tiempo: Juan Carandajo, Juan Carandejo, y el hijo de Juan Carandajo el viejo.

Sr. López: –Ese destrabalenguas es inmoral y debería estar prohibido. (*Engulle vorazmente y se relame los labios*).

El Vendedor (*Con cierto desgano*): –La raca que queca y la reca que raca, la cara que quera y la raca que cara. (*Aplausos. El Sr. López no saca los ojos del plato, bufando de cólera. El vendedor se aleja poco a poco, meneando la cabeza*). La tupa y el tupo en la pata del pote, son la pota que tupa y la pupa de pota... (*Se detiene ante la mesa de Franco y Gina*) ¿Señorita, señor, qué les puedo ofrecer?

GINA: –Pescaditos rojos.

FRANCO: –No, no. Hay que pensar bien antes de pedir. ¿Qué son los pescaditos rojos? Como las ideas tontas, algo que nace de golpe, sin reflexión. Pavadas. No, no queremos pescaditos rojos.

EL VENDEDOR: –Además no tengo. Solamente negros.

FRANCO: –Piensa, Gina. Este señor nos ofrece cosas. Piensa, como en los cuentos donde hay que desear tres cosas. No es fácil. *(Riendo nerviosamente)* Si yo dijera lo que deseo hoy.

EL VENDEDOR: –Dígalo. ¿Quién sabe?

FRANCO *(Vacilando):* –Es que... Bueno, por qué no. Además ya no me puedo callar, lo que deseo es como si otro lo estuviera deseando y me exigiera a mí que... Otro que no puede pedir por sí mismo, entiendes, Gina... Quisiera un cuchillo *(empujando los de la mesa)* No como estos... Un cuchillo que sirva para cortar sogas. Y después, segunda cosa... Sí, espera, espera, ya lo voy a decir. Segunda cosa, quisiera cortar unas sogas muy finas que están atando unas manos, que se hincan en la carne y lastiman... Y tercero... Tercero, quisiera saber de quién son las manos... *(Se mira las manos, se las pasa por la cara como para borrar una pesadilla).*

GINA *(Suavemente):* –Vamos, Franco, vamos. *(Le acaricia el pelo).*

EL VENDEDOR: –Ya ve, son tres cosas tan sencillas, pero no tengo ninguna. En otro momento... no hace mucho, créame, podría habérselas dado, sin cobrarle nada. Son cosas tan comunes, las tres. Pero ahí tiene, por comunes que sean, son únicas. Como todo, si se piensa un poco. No hay dos bocas iguales en dos mil millones de bocas.

Ni dos hojas iguales en todos los árboles del mundo. Ni siquiera dos hojas de cuchillos.

GINA: –Usted tiene un aire un poco italiano, pero lo mismo parece muy bueno.

FRANCO: –No le haga caso, amigo. Siempre dice las mismas estupideces. Y le agradezco la buena intención. Estoy seguro de que si hubiera podido... digamos, desatarme usted mismo las manos, lo habría hecho.

GINA *(Riendo forzadamente):* –Puesto que no las tiene atadas, no sé cómo hubiera hecho.

EL VENDEDOR: –Ya se las atará algún otro. *(Rápidamente).* Pero a lo mejor no. ¿Por qué tenemos que estar tan seguros de lo que no sabemos? Siempre es ahí donde nos ponemos a hablar con todas mayúsculas. Da lástima.

FRANCO: –Quién sabe si no sabemos. Hay muchas maneras de saber. Al fin y al cabo, cuando ésta le pidió pescaditos rojos, también le estaba pidiendo cuchillos, y no se daba cuenta.

GINA *(Asustada):* –No, no. Yo pedí solamente pescaditos rojos.

EL VENDEDOR: –La verdad es que se parecen muchísimo, una vez que se los usa. En fin, ustedes disculparán.

(El Ujier, todo de negro, entra corriendo y se precipita a la mesa del Juez, después de mirar ansiosamente en todas direcciones. El Juez está ocupado eligiendo zanahorias y no lo ve. El Ujier permanece inmóvil, jadeante. El Hombre de Blanco hace una jugada. El Juez acerca la balanza y alza la vista).

UJIER: –Usía...

JUEZ *(Sin reconocerlo):* –Un vaso de agua, por favor.

UJIER: –Usía... Le ruego que me atienda...

JUEZ *(Pelando zanahorias):* –Diez... Otra cucharada... Dieci-siete... Veintidós... veintitrés... Ya está.

UJIER: –Usía... por favor... El prefecto...

JUEZ *(Reconociéndolo):* –¡Vassili Alejandróvich! ¿Qué significa esta interrupción?

UJIER *(Bajando la voz):* –Usía... El penado Carlos Fleta... Usted recuerda... el procesado a quien Usía condenó hace un mes a...

JUEZ: –¿Carlos Fleta? ¡Un momento! *(Saca una libreta con índice alfabético, y busca)* A ver... Fattori... Ferdinandi... Fioravanti... Filipo... Fleta. Ah, sí, Carlos Fleta. *(Solemne, con la mano en el chaleco a lo Napoleón)*. Carlos Fleta. Asesinato. Condenado a muerte. Ningún atenuante válido. Apeló de la sentencia en abril. En estos días se conocerá el fallo de la Corte Suprema. *(Pausa)*. Es un hombre de estatura mediana, ojos grises, cabello rubio. Tiene un tatuaje en el brazo izquierdo que representa...

EL DEFENSOR *(Con voz seca y clara):* –... Un ancla y una serpiente.

JUEZ *(Volviéndose):* –Exacto. ¿Cómo lo sabe, señor mío?

(Los Mozos I y II enarbolan en el fondo un cartel donde se lee: PROHIBIDO HABLAR DE MESA A MESA)

EL DEFENSOR: –Yo fui su abogado defensor. Tuve el honor de someter a Usía todas las circunstancias atenuantes del caso. Usía no las juzgó atenuantes.

(Los Mozos I y II agitan violentamente el cartel. El Defensor sigue comiendo, mientras el Ujier se agita tratando de llamar la atención del Juez que se ha quedado pensativo).

UJIER: −Usía... He venido a decirle... Escuche, por favor... *(Hablándole al oído, pero a gritos).* Apelación rechazada, ¡Carlos Fleta guillotinado a las diez en punto! *(El Juez alza la cabeza lentamente y queda inmóvil, como paralizado. Hay un murmullo general en el salón. El cartel desaparece).*

FRANCO *(Que se levanta bruscamente y se acerca a la mesa del Juez, que no lo mira)*: −Y esto come sus zanahorias. Esto pesa su innoble bazofia mientras aquí a ocho cuadras una hoja de acero pasa por el cuello de un pobre muchacho. *(Tomando un cuchillo de la mesa)* ¡Como este cuchillo por un pan de manteca... así! *(Corta en dos un pan de manteca. El Ujier lo toma del brazo, pero él lo rechaza furiosamente)* ¿Quién era ese hombre, ese Carlos Fleta? ¿Por qué tenían que matarlo?

GINA: −¡Franco!

FRANCO *(Al Juez):* −¿Por qué no habla? ¿Por qué no reacciona? ¿Pero es un ser viviente, este masticador de zanahorias?

GINA *(Se acerca y lo toma del brazo):* −Sí, es un ser viviente, pero vos vení a comer. No tenés nada que ver en esto. *(Lo lleva suavemente hasta la mesa, y se sientan. Franco se tapa la cara con las manos).*

FRANCO *(Después de un momento):* −Claro, no tengo nada que ver en esto. Para las mujeres nada tiene sentido si no le ocurre a un pariente. Si ese pobre muchacho hubiera sido tu primo, qué sé yo... tu hermano... o yo mismo, un día... Ahí te hubiera querido ver.

GINA: −No es lo mismo, vamos.

FRANCO *(Tozudo):* –Para mí es lo mismo.

GINA *(Triste, pero sin comprender demasiado):* –Por quién doblan las campanas, claro. Todo eso.

EMPLEADO *(Golpeando con una regla sobre el mostrador):* –Maître, recuerde lo que se hace en casos así. Cuestión de atmósfera, sabe.

MAÎTRE: –Tiene razón. *(Golpea las manos. Se oye una música es tridente –estilo Harry James–. El Arquitecto se levanta e invita a bailar a la Señora. Bailan ceremoniosamente entre las mesas. La música se interrumpe, pero ellos siguen bailando como si la oyeran. Durante el diálogo siguiente, irán a sentarse y comentarán con movimientos de cabeza lo que se dice).*

JUEZ *(Que recobra lentamente el movimiento):* –Es terrible. Es la primera vez que me ocurre. En veinticuatro años de judicatura. Tantas condenas... sin faltar jamás a mi lema. *(Solemne)* "El respeto al condenado a muerte exige que el juez se recluya en su domicilio el día de la ejecución de la sentencia". *(Agobiado.)* Y ahora...

UJIER: –Tómelo con calma, Usía.

JUEZ: –No puedo, Vassili Alejandróvich.

UJIER: –Trate de imaginar que no ha ocurrido nada.

JUEZ: –Cuando me pongo a imaginar algo es mucho peor.

UJIER: –La culpa no es suya, Usía. La Corte Suprema debió notificarle que...

JUEZ *(Algo más animado):* –¡Ah, eso es cierto, es cierto, Vassili Alejandróvich! la Corte Suprema debió notificarme que... Y entonces yo me hubiera recluido en mi casa... Por respeto... Ese respeto que tanto falta hoy en día... *(El*

Arquitecto y, la Señora y el Sr. López asienten vigorosamente a la última frase, y miran atentamente hacia la mesa de Franco y Gina).

FRANCO *(Tocando el brazo de Gina):* –Un juez... Date cuenta, era un juez. ¿Por qué tiene que haber un juez aquí?

GINA: –Aquí o en otra parte... Siempre hay alguno.

FRANCO: –¿Pero por qué?

GINA: –Todos dicen, lo he oído muchas veces. Es el tiempo de los acusados y de los jueces, cosas así. He leído muchísimas novelas sobre eso, y eso que ya no me fían en la librería.

FRANCO *(En voz baja):* –¿Pero vos entendés por qué?

GINA: –No. *(Pausa.)* Pero a lo mejor no es tan malo como parece. También hay defensores de cuando en cuando. Ese señor, por ejemplo, era el defensor de Carlos Fleta.

FRANCO: –¡Qué va a defender, ése! ¿No oíste el tono con que habló? Ese era otro de los acusadores. Eso que llaman defensor de oficio, y que te hunde más que si te defendieras vos mismo.

GINA: –Pero a lo mejor hay otros. *(Mirando en torno)* Esa señora, quién sabe... *(Señalando al Sr. López).* Y ese señor que come con tantas ganas. Parecería que no está de parte del juez.

FRANCO: –¿Ese? Míralo cómo traga. Sería capaz de comerse una rata viva. ¿A quién puede defender esa carroña?

GINA: –Siempre hay algún defensor. Vos mismo...

FRANCO: –¿Yo...? *(Se mira las manos, cuya postura sugerirá por un momento que están atadas. El Cliente se levanta tímidamente y se desliza hasta la mesa de Franco y Gina).*

CLIENTE: –Podríamos suponer, pero por juego, eh,nada más que por pasar el rato,que también a mí me interesa este asunto. Podríamos suponer que también yo encuentro repugnante que haya jueces como éste, que pesan zanahorias y cabezas en la misma balanza. Finalmente supongamos que yo conozca la verdad sobre este señor, y que puedo decirla de un momento a otro.

FRANCO: –Bueno, supongamos.

CLIENTE: –Desgraciadamente esa verdad no es la que yo quisiera. No, no es lo que me gustaría poder anunciar a gritos. Por ejemplo *(en voz baja)*: "Señor Juez, señor Juez, acaba de saberse que Carlos Fleta era inocente". Como en los novelones de la radio, pero estupendo, ¿verdad? ¿Se imaginan la cara que pondría?

GINA: –Oh, sí. Pondría una cara horrible, como una naranja podrida.

FRANCO: –Peor. Una cara de babosa, algo entre Elvis Presley y Pinochet.

CLIENTE: –Puede ser... Es difícil saberlo. ¡Está tan habituado a manejar su cara! A lo mejor le sale una expresión de dolor sublime, o al revés se le empieza a caer como escamas, un pedazo detrás del otro. *(Meneando la cabeza)* Ah, de todas maneras sería extraordinario saber, saber algo de él, algo terrible... algo como lo que él sabe sobre cualquier acusado, ¿verdad? Delante de él uno se siente...

FRANCO: –Vil. Ya se ve cómo se siente usted. Y Gina. Y ese gordo con los labios untados de grasa. Y el maître, esa tortuga inmunda. *(Al Vendedor, que ha estado hablando en voz baja con la Turista, y que pasa cerca de la mesa)* ¿No tie-

ne un cartucho de dinamita? Déle, pruébelo ahí, debajo de esa mesa. ¡Qué estupenda lluvia de zanahorias!

EL VENDEDOR: –No, señor, no tengo. Pero a usted le gusta-
rían estas barajas. Un tarot... La suerte escondida en cada casilla de cartulina.

FRANCO: –Mire, no es por hacer frases, pero la suerte no está ahí. Y tampoco es cierto que esté en nosotros. Puede
ser que algún día lo esté, pero hasta ahora dependemos
de las suertes ajenas, que dependen de otras suertes, al
infinito.

CLIENTE *(Tímido):* –¿Y si uno se subleva?

FRANCO: –Usted se subleva contra los demás. Es decir que siempre
son los demás los que lo marcan como al ganado.

GINA: –Pero el hecho de sublevarse queda. Ya es mucho eso.
Es como una semilla, tan chiquita en la mano, y después...

FRANCO: –Hablando de sublevarse, ahí tenés uno que más
bien parece muerto de miedo. *(Señala al Juez que se ha
puesto a empaquetar furtivamente la balanza, mirando hacia
todos lados y aprestándose a huir. El Ujier lo ayuda con disi-
mulo. El Juez se pone la balanza bajo el brazo, renunciando a
empaquetarla, y se encamina hacia la puerta. El Maître se in-
terpone con toda naturalidad, sonriendo. El Juez da media
vuelta y va hacia el fondo. Los Mozos I y II repiten el gesto del
Maître. El Juez avanza hasta el mostrador, donde el Empleado
abre un cuaderno y se lo presenta. El Juez mira apenas el cuaderno y retrocede de golpe. Avanza hacia la boca de la escena,
pero frente al público parece vacilar, se pasa la mano por los
ojos, y acaba por regresar trastabillando a su mesa. El Ujier lo
sigue a corta distancia. Entra la Señora de López, opulenta y*

buena moza. Apenas franqueada la puerta, mira intensamen-
te hacia la mesa del Juez. Se encoge de hombros al verla vacía,
y acude a la mesa del Sr. López).

SRA. DE LÓPEZ: —Ah, estás aquí. Ya comiste, claro. Ya estarás tranquilo, con tu comienzo de indigestión.

SR. LÓPEZ *(Indignado):* —Estoy perfectamente bien, Pamela.

SRA. DE LÓPEZ: —Si no estás indigestado, por lo menos tendrás aerofagia, como siempre a esta hora.

SR. LÓPEZ: —No tengo absolutamente nada de aerofagia. Tomé cuatro píldoras.

SRA. DE LÓPEZ: —Vos no te curás ni con una gruesa. La barriga es lo que tenés que bajar. *(Señalando al Juez)* Y ése, ¿qué hace con esa balanza?

SR. LÓPEZ: —Pesa zanahorias.

SRA. DE LÓPEZ: —¿No será vegetariano?

SR. LÓPEZ *(Desdeñoso):* —Sí, igual que vos. "Coma su lechuguita y vivirá sanita". Pues yo me he comido un pollo que era para rechuparse. *(Se relame).*

SRA. DE LÓPEZ: —Es la primera vez que lo veo. Muy desagradable como persona. Tiene algo de insecto frío. Los insectos siempre parecen fríos.

SR. LÓPEZ: —Es un juez, y está de pésame.

SRA. DE LÓPEZ: —¿De pésame? ¡Qué manera de hablar! *(El Hombre de Blanco hace una jugada. La Sra. de López mueve una copa, contestando)* Lo curioso es que me parece conocido, y a la vez estoy segura de no haberlo visto nunca.

SR. LÓPEZ: —Simpatía entre vegetarianos, Pamela. Aparte que vos de a ratos sos un poco médium.

SRA. DE LÓPEZ: —A vos no se te puede hablar en serio. *(Siempre mirando al Juez)* Sí, yo lo conozco y él me conoce a mí. Es raro... Tiene un karma extraordinario... *(El Vendedor se acerca a la mesa).*

EL VENDEDOR: —Señora, ¿puedo ofrecerle un espejo?

SRA. DE LÓPEZ: —¿Para qué? En todos veo la misma cara.

EL VENDEDOR: —Lástima. A lo mejor en éste... *(Hace un gesto vago y se aleja).*

SRA. DE LÓPEZ *(Mirando al Juez):* —Ese hombre tiene miedo. Quiere irse y tiene miedo.

SR. LÓPEZ: —Lo que tiene es hambre, con ese régimen de conejo. Y además parece que le han liquidado un preso a destiempo.

SRA. DE LÓPEZ: —¿Un preso? No me digas. Si el que parece un preso es él, pobre ángel. Míralo, pero míralo... *(El Juez repite, en menor escala, su tentativa de fuga. Ante la sonriente interposición del Maître y los Mozos I y II, vuelve a su mesa. El Arquitecto, que ha observado con inquietud la escena, se decide de golpe y avanza hacia el Maître. La Señora acompañante lo sigue como una autómata).*

EL ARQUITECTO: —Usted perdone y disculpe, pero, ¿por qué no deja salir al señor?

MAÎTRE: —¿A cuál señor, señor?

EL ARQUITECTO: —Pues... ese señor.

SEÑORA *(Como un eco-oveja):* —Pues... ese señor.

MAÎTRE: —Ah, el señor Juez.

EL ARQUITECTO: —Sí, el señor Juez. *(Ambos miran a la Señora, esperando que repita la frase. La Señora no dice nada).*

MAÎTRE: −El señor Juez puede salir cuando quiera. Nadie se lo impide.

EL ARQUITECTO: −Permítame. No es exacto. Usted se lo impide. Y esos mozos también.

MAÎTRE: −Permítame. No es exacto. Yo no se lo impido. Y esos mozos tampoco. El señor Juez llega hasta la puerta, nos ve y se vuelve. El tendrá sus razones. *(Confidencial)* Por lo demás todavía no ha pagado la adición.

EL ARQUITECTO: Yo estoy convencido de que usted y sus acólitos están ejerciendo presión sobre el señor Juez para no permitirle volver a... volver a... Qué sé yo, al tribunal, por ejemplo.

SEÑORA: −Lo mismo digo y repito. Un hombre tan respetable, un verdadero sostén de la sociedad.

EL ARQUITECTO: −¡Es inaudita una cosa así!

SEÑORA: −¡Intolerable!

EL ARQUITECTO: −¡Un hombre austero! *(El Juez asiente, pero sin mirar y como si fuera una simple coincidencia).*

SEÑORA: −¡Un juez! *(El Juez vuelve a asentir).*

EL ARQUITECTO: −¡Un apoyo, una plataforma, un pilar de la comunidad! *(El Juez asiente).*

SEÑORA: −¿Quién nos protegería de la delincuencia si no fuera él? *(El Juez asiente).*

TURISTA AMERICANA: −¡Maître, please!

MAÎTRE *(Suspirando):* −Yes, Madam.

TURISTA AMERICANA: −Tódou lo kei dicen señores es mói mói cierto, very true indeed.

MAÎTRE: –Of course, Madam. Have a salad, Madam. De lechuga, por ejemplo.

TURISTA AMERICANA: –Después, después. Yo primero kisiéra decir que en un país democráticou no sey debe cerrar la puerta en las narices de un honest citizen. (Embalada) Y también digou que este señor Juez ha sido elegidou for the people, by the people and to the people... *(Se oye resonar la marcha "Spangled Stars and Banners", que tapa la voz de la Turista. A una seña del Maître, el Mozo II se acerca con un plato de crema, y empieza a servir grandes cucharadas a la Turista, que las come ante la indignación del Arquitecto y la Señora, que regresan a su mesa con gestos de reprobación y desaliento. Apenas se han sentado, el Empleado, que tiene un libro abierto en la mano, empieza a reír a carcajadas y señala con el dedo al Cliente, que tiembla y se asusta en su mesa).*

EMPLEADO: –¡Ja, ja, ja! ¡Se acabó! ¡Nada que hacer!

CLIENTE *(Enderezándose a medias)*: – ¿Cómo? ¿Nada que hacer?

EMPLEADO: –¡Nada! ¡Acabo de encontrar un reglamento que anula todos los anteriores! ¡No se puede transportar ningún efecto a Pehuajó!

CLIENTE *(Retorciéndose las manos)*: – ¡Nada a Pehuajó! ¡Nada a Pehuajó!

FRANCO *(Al Empleado)*: –¿Qué es eso de nada a Pehuajó? ¿Por qué hace sufrir a ese hombre?

EMPLEADO *(Con cierto asombro)*: –¿Usted cree que sufre? No es mi intención. Yo solamente le aviso lo que ocurre.

CLIENTE: –¡Nada a Pehuajó!

EMPLEADO: –Nada. No va a poder mandar ni las valijas, ni los cajones de libros, ni el mono embalsamado. ¡Pobre, con lo que deseaba expedirlos!

FRANCO *(Acercándose, amenazador)*: –¿Y por qué no puede mandar todo eso, vamos a ver?

EMPLEADO: –Porque, acaba de entrar en vigencia un nuevo reglamento. Hoy, a las diez de la mañana en punto. *(El Juez se sobresalta violentamente, y trata de huir. Se repite lo ocurrido antes).*

CLIENTE: –¿Qué voy a hacer? ¿Qué voy a hacer?

GINA *(Se acerca a la mesa del Cliente, y trata de alentarlo)*: –No se aflija, señor. ¿Era tan necesario?

CLIENTE: –Sí... sí... Recién ahora me doy verdaderamente cuenta... Es una cuestión de vida o muerte. Esos efectos... ¿Cómo explicarle? Digamos, como si fuera oxígeno para un enfermo que se ahoga, o sangre... sí, eso... sangre para una transfusión...*(El Juez se sobresalta)* Imagínese a alguien que está perdiendo sangre, un enorme chorro de sangre, y la única manera de salvarlo sería llegar a tiempo y...

EMPLEADO *(Casi dulcemente)*: –Demasiado tarde. Hasta las diez de la mañana hubiera tenido una probabilidad. Sobre todo con los perros, que en el fondo son el mejor medio de transporte. Pero ahora... *(Ostensiblemente rompe la boleta que había firmado el Cliente. El Cliente se tapa la cara y gime. Gina le acaricia suavemente la cabeza y vuelve a su mesa. Franco la mira iracundo, y se vuelve hacia el Empleado).*

FRANCO: –Yo a este tipo le rompería la cara. A medio mundo le rompería la cara aquí adentro. *(Decidiéndose)* ¿Y por qué me voy a quedar con las ganas? Mirá, hijo de una gran... *(El Empleado alza la mano derecha y la deja caer secamente de canto sobre el mostrador. El gesto parecerá seccionar la voz de Franco, que queda inmóvil y mudo).*

EMPLEADO: –Como un cuchillo en un pan de manteca. Usted lo dijo, hace un rato. Es muy curioso cómo las cosas se parecen. Todo se parece, si uno se fija bien. Usted, por ejemplo, se parece a un hombre a quien vi una vez, apenas unos instantes. A esta hora, justamente.

FRANCO *(Con una voz de hipnotizado)*: –¿Se parecía a mí?

EMPLEADO: –Sí, un poco. Lo vi muy mal, apenas. Tenía las manos... Es decir, cuando un hombre tiene las manos... En fin, cambia extraordinariamente. *(Con dulzura)* es increíble cómo cambia...

FRANCO *(Pone mecánicamente las manos a la espalda, e inclina un poco la cabeza)*: –¿Realmente me parezco a él? *(El Juez se endereza, haciendo temblar la mesa, y hace gestos desesperados al Empleado para que éste conteste negativamente. El Empleado sonríe).*

EMPLEADO: –Sí. Se parece mucho.

FRANCO: –¿Cómo un hijo a su padre? ¿Cómo un hermano a otro? ¿Cómo un hombre a otro hombre? *(El Empleado no contesta. Gina toma del brazo a Franco, que sigue con las manos a la espalda, y lo lleva, hablándole al oído, hasta la mesa. Franco se deja caer en la silla, echándose un poco hacia adelante. El Sr. López golpea furiosamente sobre la mesa. El Maître corre hacia él).*

SR. LÓPEZ: –¡Es indigno! ¡Un enorme gusano en el sambayón!

MAÎTRE: –No puede ser un gusano, señor López.

SR. LÓPEZ: —Sí que es un gusano.

MAÎTRE: —¿Esto? ¡Si es una barrita de vainilla! *(La Sra. de López se levanta y va hacia la mesa del Juez).*

SR. LÓPEZ: —Es la primera vez que veo retorcerse en esa forma una barra de vainilla.

MAÎTRE: —Es que al batir el sambayón...

SR. LÓPEZ: —¡Que me traigan un helado de crema! *(El Maître se aleja diligente, llevándose el sambayón).* ¡De crema y chocolate!

SRA. DE LÓPEZ *(Al Juez)*: —¿Por qué no se va, señor Juez?

JUEZ: —Sí... Buenos días, señora... Pienso irme en seguida.

UJIER: —Estábamos terminando justamente de empaquetar la balanza. Usted sabe, señora, una balanza es tan delicada... El fiel... *(La Sra. de López le hace un gesto imperioso para que se aleje. El Ujier se aparta, asustado, y va a apoyarse contra la pared, desde donde contempla ansioso la escena).*

SRA. DE LÓPEZ: —Hace rato que quiero hablar con usted. Me interesa su manera de... no diré de tener miedo... Más bien su manera de preocuparse. Ahí está, así queda mejor.

JUEZ: —Señora... No sé si tengo el honor de...

SRA. DE LÓPEZ: —De todas maneras, mi cara le resulta conocida.

JUEZ: —Sí... Es raro... Tan conocida... Como una palabra, por ejemplo, que uno conoce por haberla usado tantas veces... *(Confuso)* Perdóneme, no quise decir eso. Yo... *(El Hombre de Blanco hace una jugada, que la Sra. de López contesta corriendo la balanza hasta el centro de la mesa, tras de lo cual se sienta frente al Juez).*

SRA. DE LÓPEZ: –Digamos que es como si ya me hubiera visto en alguna parte.

JUEZ: –Sí, en efecto. Aquí mismo, quizá. *(Señala la mesa del Sr. López)* Siempre veo a ese caballero que come con tanto apetito, con tanta... ¿por qué no decirlo?... con tanta alegría.

SRA. DE LÓPEZ: –Es mi marido, pobre.

JUEZ *(Rápida y mecánicamente, casi como un papagayo)*: –No puede ser. Miriam, no puede ser. *(Sobresaltado)* ¿Pero qué digo? Señora, acepte mis excusas. Estoy tan perturbado...

SRA. DE LÓPEZ *(Que lo mira sonriendo)*: –No tiene importancia. Probablemente me ha tomado por otra persona que se llama Miriam.

JUEZ: –Es increíble. Jamás me ha pasado una cosa así.

SRA. DE LÓPEZ: –¿Quién es Miriam?

JUEZ: –Y usted, ahí... Quiero decir que por un momento me pareció... ¿Miriam? No sé quién es.

SRA. DE LÓPEZ: –Cosas así ocurren.

JUEZ: –No deberían ocurrirme a mí. Es... extraordinario. Un Juez debería estar al abrigo de todas las cosas extrañas que les ocurren a los... en fin a los que no son Jueces. Si uno va a empezar a tener alucinaciones, a soñar despierto, por decirlo así, ¿adónde va a parar la jurisprudencia?

SRA. DE LÓPEZ: –Sí, sería malo para los acusados.

JUEZ *(Pasándose la mano por la frente)*: –Los acusados... No, en fin... dejemos eso. Vuelvo a pedirle disculpas, pero el hecho es que hoy todo me parece... cómo decirlo... me

parece distinto. Hasta el Sr. López, su digno esposo...
hasta él me parece distinto. *(El Sr. López está devorando un
enorme helado).* ¡Qué feliz es, cómo come!

SRA. DE LÓPEZ: –Y usted, claro, a régimen.

JUEZ: –Sí, un régimen tan cruel, pero tan necesario como...
como lo es a veces la crueldad.

SRA. DE LÓPEZ: –¿Por qué no se sale por un día del régimen?
Coma un helado, imite a mi marido. Hágalo y verá que
muchas cosas cambian. *(Golpea las manos. Viene el Mozo I)*
Traiga un helado de crema y chocolate para el señor
Juez.

UJIER *(Precipitándose):* –¡No, Usía, bien sabe usted que su salud está com-pro-me-ti-da!

SRA. DE LÓPEZ: –¡Váyase, hombre molesto!

JUEZ *(Débilmente):* –Retírese, Vassili Alejandróvich.

UJIER: –¡Oh, Usía!

SRA. DE LÓPEZ: –No le haga caso. Parece realmente una serpiente Ahora le traerán su rico helado, y usted se lo co-
merá y se sentirá otro Juez. Es facilísimo, como si estuviera tirado debajo de un árbol, y no tuviera más que estirar la mano y arrancar una manzana bien colorada y
perfumada...

JUEZ: –¿Una manzana?

SRA. DE LÓPEZ: –No, un helado.

*(El Arquitecto, la Señora que lo acompaña, y la Turista Ame-
ricana se ponen de pie y tienden suplicantes las manos, hablan-*

do a la manera de un coro griego en las representaciones de estudiantes universitarios, es decir, más bien mal).

CORO: —¡Oh, Usía! ¡No coma el helado! ¡No rompa el régimen!

UJIER: —¡Oh, Usía!

CORO: —¡Usía, aténgase al severo régimen
que siguen las columnas
las columnas de la sociedad,
que siguen las piedras,
las piedras por donde caminan las instituciones!

¡No coma el helado, que lo volverá igual que...*(bisbisan una palabra)*... igual que los ... *(bisbisan la misma palabra)*... Que lo pondrá del lado de los... *(bisbisan la palabra).* ¡Oh Usía, no coma ese helado de crema y chocolate! ¡Y chocolate!

UJIER: —¡Oh, Usía!

EL ARQUITECTO *(Mecánicamente):* —Integérrimo, templo de la Justicia, fuste de la Sociedad, padre de los inocentes, azote de los... *(bisbisa la misma palabra de antes, luego se da cuenta y se golpea la frente como castigándose)*... de los culpables, claro!

TURISTA AMERICANA *(Consultando desesperadamente su manual de conversación):* —Convieney cambiar los neumáticous cada veinte kilómetros... Oh dear! Here it is! Why, you wonderful man, hombre espléndidou, capitolio de Washington, piedra de Rosseta... My goodness, it looks wrong again!

SRA. DE LÓPEZ: —No les haga caso. En seguida le van a traer el delicioso helado. Verá, al principio tiene como un perfume de violeta, pero es porque en la misma heladera guardan conejos y berenjenas. A la segunda cuchara empieza la parte de chocolate, y entonces... *(El Juez se relame)*.

CORO *(Con un gemido al ver el gesto del Juez):* —¡Usía, no coma el helado!

SRA. DE LÓPEZ: —¡Cómalo, Usía!

CORO: —¡No, no, Usía!

FRANCO *(A gritos):* —¡Cállense, perros!

GINA: —¡Esclavos! ¡Basuras asquerosas!

(Aparece el cartel PROHIBIDO HABLAR DE MESA A MESA)

DEFENSOR *(Se pone lentamente de pie, mientras los otros, agotados, se van sentando mecánicamente):* —Señores contertulios: pocas veces he sentido un placer tan grande al usar de la palabra en circunstancias que se prestan especialmente para el ejemplo moral, y, diría casi, la alegoría aleccionante. En efecto, he aquí que distinguidos representantes de la sociedad, la banca y la industria locales, se alzan inquietos ante un episodio que, insignificante en apariencia, reviste empero un sentido profundo, pues amenaza y compromete la estabilidad de nuestros más caros principios. Señores, este episodio carente en apariencia de toda importancia... *(El Hombre de Blanco hace una jugada. El Mozo I trae un gran helado y lo coloca en la mesa del Juez. El Juez se frota subrepticiamente las manos y mira con avidez el helado. La Sra. de López frota la cucharilla en la servilleta y se la alcanza con una sonrisa. El Arquitecto, la Señora y la Turista Americana se incorporan, alzando los brazos con horror. Todo ello ocurrirá mientras el Defensor sigue discurriendo con términos parecidos a los ya dichos. El helado se ha convertido en el centro de la escena, y todos lo miran ansiosos)...* esta fruslería, esta bicoca, esta bagatela, este tiquismiquis, esta insignificancia, reviste sin embargo... *(El Maître se le acerca por la espalda, le apoya suavemente las manos en los hombros, y lo hace sentar. La escena deberá dar la impresión de un polichinela a resorte a quien meten poco a poco en su caja. A medida que se va sentando, el Defensor deja de hablar. El Juez, con la cucharilla en la mano, mira ansioso el helado. La Sra. de López, y el mismo Sr. López, lo incitan con gestos a que coma. La Mujer de Verde golpea con un cuchillo en una copa. Todos callan).*

MUJER DE VERDE: —Puede estar envenenado, señor Juez.

JUEZ *(Con desesperación)*: —¡No, no! ¿Por qué envenenado? Las zanahorias no estaban envenenadas. ¿Por qué entonces el helado? ¿Por qué este helado envenenado, por qué, por qué este helado?

MUJER DE VERDE: —No diga luego que nadie lo previno.

JUEZ *(Acercando y retirando la cucharilla)*: —¡Maître, Maître! ¡No puede ser que esté envenenado!

CLIENTE *(Venciendo su temor se acerca paso a paso a la mesa del Juez. Ansiosamente.)*: —¡Cómalo, señor Juez! ¡No está envenenado! ¡Usted lo desea tanto! ¡Yo sé que lo desea!

JUEZ: —¡Sí... tanto!

SRA. DE LÓPEZ: —¡Entonces, cómalo, vamos! ¡Mírelo a López cómo se relame!

JUEZ: —Ah. Miriam, y que seas tú quien me lo dice... *(Con otra voz)* Discúlpeme de nuevo, señora, persisto en confundirla con...

SRA. DE LÓPEZ: —Con Miriam, ya sé. No tiene la menor importancia. Se le va a derretir el helado.

CLIENTE: —Sí, Usía, se le va a derretir. Cómalo.

CORO *(En sordina)*: —No, Usía, no coma el helado...

JUEZ *(Con tono mecánico)*: —El señor López es tan feliz, Miriam... *(López traga grandes pedazos de helado, y el Juez hace movimientos como si a su vez estuviera tragando, pero sin tocar su helado)* ¿Quién es el señor López, Miriam? Yo le tengo envidia al señor López... Yo siento que del lado de usted y del señor López hay tantos helados, tantas cosas ricas de comer... Y más que eso, mucho más... Ni régimen, ni balanza, ni Vassili Alejandróvich...

GINA *(Vengativamente)*: —Ni malas noticias a la diez de la mañana.

EMPLEADO: —¡Sh...! No se metan, ustedes.

FRANCO: —¿Por qué no, paniaguado? Esa mala noticia es la única cosa cierta de esta mañana. Eso, y el gusano en el sambayón del gordo.

GINA *(A gritos, al Juez)*: — ¡¡Ni malas noticias a las diez de la mañana!!

FRANCO *(Despectivo)*: —¿Para qué se lo decís? ¿Vos creés que vale la pena?

GINA: —Quiero ser el gusano en su sambayón. ¡Malas noticias, malas noticias!

FRANCO: —No es una cuestión de palabras ni de gritos. Es... Como si vos y yo fuéramos la noticia misma, comprendés. Por eso ya no puedo hablar, ni gritar... yo soy esa noticia, ese hombre con las manos atadas a la espalda.

GINA *(Mirándolo, acariciándolo)*: –Sí, yo creo que él debía ser un poco como vos. Libre y hermoso, y tan malo... De esos que van por la vida con un cigarrillo en los labios, y brillándoles los ojos...

FRANCO: –¿Realmente soy malo?

GINA: –¡Estás tan vivo! Eso no se perdona, sabés. Para muchos es la peor maldad.

FRANCO: –Es raro... Estar tan vivo y que te aten las manos a la espalda.

EMPLEADO *(Como para sí)*: –Con un cordel muy fino, muy suave, casi como una cinta.

GINA *(Llorando con una total naturalidad):* –Fumando un cigarrillo que alguien tiene que acercarles a la boca y luego quitarles, como si otra vez fueran niños, como si hubiera que ayudarlos para todo, para vestirse, para comer...

EMPLEADO: –Y un buen trago de ron. Es un buen ron, importado de las Antillas.

MUJER DE VERDE *(Golpeando las manos secamente):* –Vamos, basta de palabras que no hacen al caso. Dejen comer en paz al señor Juez.

SRA. DE LÓPEZ: –Es lo que decimos todos: hay que dejarlo comer. ¡Lo necesita tanto!

JUEZ *(Que no se atreve a tocar el helado con la cucharilla)*: –Oh, Miriam... Miriam... Pensar que el señor López puede hacer lo que quiere... sin la balanza, sin las zanahorias, las apelaciones, los recursos, las denegaciones, las incidencias, las...

EMPLEADO *(Secamente):* –Las ejecuciones.

JUEZ *(Sobresaltándose):* –¡Oh, no... hoy no! *(Rechaza el helado con horror)* ¡No puedo más, no puedo más! Pero el deber... Tú comprendes, Miriam, el deber...

SRA. DE LÓPEZ *(Cariñosamente, disimulando su fastidio):* –¿Pero usted está seguro de saber lo que es eso? Todos hablan tanto del deber... Siempre usan esa palabra cuando hacen daño a alguien, o se hacen daño ellos mismos...

JUEZ *(Tratando de engolar la voz):* –Miriam, el deber... Cómo explicarte... El deber es la razón por la cual yo tengo que comer zanahorias, porque el deber...

DEFENSOR *(Apoyándolo al ver que se turba y no encuentra cómo seguir):* –Exactamente, exactamente eso, Usía. Un gran ejemplo de integridad, Usía. Veinticinco años consagrados al deber, al ejercicio de la justicia, sin un desfallecimiento...

ARQUITECTO, SEÑORA Y TURISTA AMERICANA: –Sin un desfallecimiento.

DEFENSOR: –Todos los días en su despacho, puntualmente...

CORO: –Puntualmente.

DEFENSOR: –Todos los mediodías en este lugar austero, picando sus cien gramos de hortalizas.

CORO: –Picando.

JUEZ *(Débilmente):* –Señores, miembros del... No, quiero decir: señores...

CLIENTE *(Que ha seguido la última escena con creciente ansiedad, y retorciéndose las manos):* –¿No lo ha comido, no lo ha comido! ¡Se está derritiendo, todo, la crema y el chocolate! ¿Y ahora! Otra vez la amenaza... otra vez estamos... estoy yo... estamos expuestos a ...

EMPLEADO: –Nada a Pehuajó. Absolutamente nada.

CLIENTE: –El horror a cada instante... En cualquier momento puede ser mi turno... ¡Ahora mismo, dentro de cinco minutos...! ¡Tal vez ya están viniendo... sí... los oigo... los oigo...! ¡No quiero... no quiero... perdón... perdón...!

EMPLEADO: –Sh... ¿Qué son esos gritos? Y en este lugar, vamos. *(Pausa)* Ya no hay peligro... por hoy. Son más de las diez.

CLIENTE: –Sí, pero mañana... y después de mañana...

JUEZ *(Mecánicamente)*: –Mañana... y después de mañana...

SRA. DE LÓPEZ *(Despechada)*: –Ahí está. Una verdadera porquería en el fondo del plato. ¿Para eso me comedí en venir a su mesa, en agasajarlo y ofrecerle un rico helado?

JUEZ: –Perdón. Yo tenía ganas de comerlo... pero hay como una barrera... Todos hablan, me dicen cosas... se meten conmigo *(lamentable, compadeciéndose)*... Todos se meten conmigo, que soy el representante de... de la ... Y ahí había ese riquísimo helado... Yo podría haberlo comido, y entonces nadie hubiera podido decirme nada... Estoy seguro... nadie.

SRA. DE LÓPEZ: –Ya es tarde. Usted me ha desairado. Por primera vez me han desairado.

JUEZ: –Miriam...

SRA. DE LÓPEZ: –Cállese. Nunca me había pasado algo así. Ofrecer un helado, o una manzana... y que en vez de morder y tragar...

SR. LÓPEZ *(Severo)*: –Ven a sentarte aquí inmediatamente, Lilí.

SRA. DE LÓPEZ: –Sí, querido. *(Vuelve a su mesa, después de lanzar una última mirada furiosa al Juez. El Ujier se acerca al Juez).*

UJIER: –Usía... aprovechemos ahora. Es el momento de irnos.

JUEZ: –No quiero irme. No comí el helado, ¿verdad? Ahí está, como una sopa. *(Con una tristeza infinita)* No comí lo que me ofrecía Miriam...

FRANCO *(Aplastando un cigarrillo con el pie, como si el cigarrillo fuera el Juez)*: –No lo comió de puro cobarde.

JUEZ: –¿Usted... usted quién es para decirme eso?

FRANCO *(Parodiándolo)*: –"El respeto al condenado a muerte exige que el juez se recluya en su domicilio el día de la ejecución..."

CLIENTE *(Gimiente)*: –¡Nada a Pehuajó, nada...!

JUEZ: –Se equivocan ustedes... *(Tratando de explicar)* Es que jamás, en toda mi vida, nunca, jamás en toda mi vida he comido un helado. No debo...

GINA *(Insidiosa)*: –¿Por qué no debe?

JUEZ: –No sé... Es decir... Me gustaría tanto, pero no es posible... Mi régimen, y...

GINA *(Burlándose abiertamente)*: –Qué tontería, Usía... Una sola cucharada que comiera... Cómo cambiarían las cosas.

FRANCO *(Amargo)*: –No creas. Sólo cambiaría el futuro, y es poca cosa frente al pasado. ¿Qué puede hacerme a mí que coma el helado? Siempre me pareceré a algún otro, sentiré que alguien me toma por los codos y me lleva...

GINA *(Que ya no se burla):* –No, Franco, no. Parece idiota que yo lo diga, pero también el futuro podría lavar el pasado, cambiarlo...

FRANCO *(Amargo):* –Nadie puede desatar ya esas manos muertas.

GINA: –Las tuyas están sueltas, amor mío... En las tuyas se desatarán las de los otros... las de tantos otros como Carlos Fleta....

MAÎTRE *(Dando una patada en el suelo que atrae bruscamente la atención de todo el mundo):* –¿Carlos Fleta? ¿Pero es que vamos a empezar otra vez? Ya casi es hora de cerrar, señores.

EL ARQUITECTO *(A la Señora):* –Muy bien dicho. Yo mismo me olvidaba de la hora que es... *(Suspirando, satisfecho)* ¡Ah, qué alivio proporciona la sensación del deber cumplido! Ahora ya podemos retirarnos después de haber admirado una vez más la integridad del señor Juez, su rechazo a todo compromiso, su inexorable...

TURISTA AMERICANA: –¿Inexourábley? Qué palabra tan extraña... *(Se acerca al Arquitecto y a la Señora, les sonríe, y los tres se marchan muy contentos luego de inclinarse respetuosamente ante el Juez, que a su vez se inclina cortésmente).*

MAÎTRE *(Acercándose a la mesa del Cliente, golpea las manos):* –Se va a cerrar, señor.

CLIENTE *(Sumido en sus pensamientos, se sobresalta):* –¡Ah, sí! Ya veo, hay que cerrar... *(Mira hacia el mostrador, con un gesto de tímida súplica)* Yo pensé que... Si solamente el cajón de libros... *(El Empleado hace un gesto negativo. El Cliente mira al Juez, como esperando algo. El Juez alza la mano con un gesto ambiguo, casi llamando al Cliente. El Cliente retrocede aterrado y sale huyendo y tropezando con las mesas. Entre tanto, el Mozo I alcanza el paraguas y el sombrero al Defensor, que sale lenta y dignamente, luego de saludar al Juez con una gran inclinación de cabeza. El Maître se acerca a la mesa de Franco y Gina).*

MAÎTRE: –Vamos a cerrar, jóvenes.

FRANCO: –La cuenta. Hasta por un almuerzo así hay que pagar.

GINA: –Fue un buen almuerzo. Sobre todo la sopa. *(Se palpa la garganta).*

MOZO II *(Que acude a una seña del Maître)*: –Son tres pesos veinte más tres pesos veinte más tres pesos veinte, total seis pesos sesenta. *(Franco tira un billete sobre la mesa, sin escuchar, y se levanta. Mira al Juez y da un paso hacia él. El Maître lo toma suavemente del brazo).*

MAÎTRE: –Váyase tranquilo. Yo me voy a ocupar de él.

FRANCO *(Desdeñoso)*: –¿Usted?

MAÎTRE: –Sí, yo. O algún otro, pero siempre yo. Váyase, la calle se ha hecho para caminar. Hay sol del lado de los números pares.

GINA: –Y el parque está ahí, habrá gorriones y maní. Y el sol, como dice el señor.

MAÎTRE *(Suspirando)*: –Sí, el sol. ¿Qué mejor promesa, qué elogio más alto? Y estar vivo. Vivo, comprende. Estar vivo... Vaya, aproveche. Váyanse. *(Los empuja suavemente, y los Mozos I y II se acercan y los escoltan sonriendo hasta la puerta. Gina se cuelga del brazo de Franco, que la mira y sonríe, olvidado del Juez. Apenas han franquado la puerta. El Sr. López y la Sra. de López, que se levantan con gran ruido y batir de servilletas, pasan ante la mesa del Juez).*

SR. LÓPEZ: –¡Buenos días!

JUEZ: –Buenos días, señor.

SRA. DE LÓPEZ: –Adiós.

JUEZ: –Miriam, yo quisiera...

SR. LÓPEZ (*Altanero*): –Usted se confunde, señor. (*A la Sra. de López*) ¿Por qué te llama Miriam, Lilí?

SRA. DE LÓPEZ: –Qué sé yo. A lo mejor mi nombre le trae malos recuerdos, o no le gusta. Te voy a decir que en general a la gente como él no le gusta mi nombre.

SR. LÓPEZ: –Todos los vegetarianos son iguales. (*Eructa estrepitosamente al salir. El Juez se queda mirando a la Sra. de López hasta que desaparece, y suspira tristemente. La Mujer de Verde se levanta y va hasta el mostrador, donde el Empleado la espera sonriendo*).

MUJER DE VERDE: –¿Cansado?

EMPLEADO: –No. Un poco, solamente. En realidad no es tan difícil.

MUJER DE VERDE: –No, en realidad no es difícil como trabajo. No tienes porqué quejarte.

EMPLEADO: –No me quejo. Las quejas las pone el otro.

MUJER DE VERDE: –¿Hoy también?

EMPLEADO: –Sí. Gritos, y todo lo demás.

MUJER DE VERDE: –En fin. Es curioso, no los entiendo. Total es cosa de un segundo, sin ningún trabajo para ellos. No tendrían más que abandonarse un poco. (*El juez se ha puesto a escuchar intensamente. El Ujier, que también escucha el diálogo, empieza a retroceder con gestos de temor, hasta*

*que llega a la puerta y sale a reculones. Los Mozos I y II salen
con los brazos cargados de platos y fuentes. El Maître, de espaldas al público, se ha cruzado de brazos y mira en dirección al
Hombre de Blanco. El Juez hace señas al Vendedor, que ha per-
manecido en un rincón, revisando el contenido invisible de su
caja. El Vendedor sonríe, avanza unos pasos, y mueve la mano negativamente. El Juez suplica, juntando las manos, dibuja en el aire la imagen del tiralíneas verde, pero el Vendedor
vuelve a negarse, y se marcha sin mirar hacia atrás. El Juez se
queda como fulminado).*

EMPLEADO: –Justamente, usted decía, hace un instante...

MUJER DE VERDE: –Decía que es absurdo que se resistan tanto, y que en realidad no tendrían más que abandonarse
un poco...

EMPLEADO: –¡Ah, se ve que usted no va nunca en persona!
Todo eso se dice, se dice, pero llegado el momento...
Muchos creen que van a conservar la calma, y después,
como de golpe ven la... ven el dispositivo...

MUJER DE VERDE: –Hay que reconocer que no es bonito. *(Encogiéndose de hombros)* En fin, a cada cual lo suyo. Ahora
podrás descansar unos días.

EMPLEADO: –¿De veras, señora? En realidad me gustaría tanto quedarme unas semanas en mi casita de campo...

MUJER DE VERDE: –Guadañando la cizaña, supongo.

EMPLEADO: –No tengo guadaña, es un instrumento que no
me gusta, no sé por qué.

MUJER DE VERDE: –A mí tampoco, pero qué quieres. En fin,
aprovecha. Tendrás unos doce días de vacaciones.

EMPLEADO: –¡Oh, gracias, muchas gracias! *(Junta libros y cua-
dernos, y sale presuroso. La Mujer de Verde avanza lentamen-*

te hasta quedar a espaldas del Maître. El Juez está inmóvil, único parroquiano, con la cabeza entre las manos. La Mujer de Verde mira al Hombre de Blanco).

HOMBRE DE BLANCO *(Haciendo una jugada)*: –Mate.

(La Mujer de Verde apoya las manos en los hombros del Maître y lo proyecta hacia adelante como si fuera un autómata o una pieza de ajedrez. Luego sale sin apuro, sonriendo como para sí misma. El Maître se ha detenido ante la mesa del Juez, siempre de espaldas al público).

MAÎTRE: –Es hora de cerrar, Usía.

JUEZ *(Sobresaltado):* –¿Eh? ¿Qué? Ah, sí. La cuenta, por favor.

MAÎTRE: –Cuenta saldada, Usía.

JUEZ: –¿Cómo?

MAÎTRE: –Saldada, digo

JUEZ: –No entiendo... *(Sobresaltado)* ¿Por qué me mira así?

MAÎTRE: –A la hora de las cuentas, es bueno mirarse en los ojos. Pero en realidad, yo no lo estoy mirando a usted. Más bien miro a través.

JUEZ: –¿A través?

MAÎTRE: –Miro todo lo que es como usted. Miro mi vida.

JUEZ *(Inquieto):* –Su vida...*(Volviéndose hacia la puerta, angustiado)* ¡Vassili Alejandróvich!

MAÎTRE: –No hay nadie, Usía. Ya no hay nadie de este lado. Solamente usted.

JUEZ: –¿Solamente yo? *(Alza asombrado una mano, señalando al Maître).*

MAÎTRE: –Oh, yo... Yo no soy. En realidad no soy. Usted me ve, pero no me mira. Me ve a la fuerza, porque es una visión impuesta. No puede no verme, estoy ahí. Antes, en cambio, me miró muy bien, días y días.

JUEZ: —¿Antes?

MAÎTRE: —Sí. En otro lugar... donde yo no era un Maître.

JUEZ *(Enderezándose poco a poco):* —En otro lugar... Sí... Antes... En otro lugar... Un hombre de estatura mediana... Tiene un tatuaje en el brazo izquierdo, que representa...

MAÎTRE *(Corriendo la manga izquierda de la chaqueta):* —Un ancla y una serpiente.

JUEZ: —¿Pero cómo... cómo? *(Se tambalea, aferrado al borde de la mesa)* ¡Es... es una pesadilla! ¡Estoy dormido... estoy soñando...! ¡No... no! ¡Estoy dormido...!

MAÎTRE: —La gran solución, ¿verdad?

JUEZ *(Con un alarido):* —¡Carlos Fletaaa! *(Cae de bruces sobre la mesa y queda inmóvil. El Hombre de Blanco se levanta, mira con satisfacción su mesa, toca con un gesto de satisfacción y triunfo la copa que había corrido al anunciar el mate, y sale sin mirar a nadie. El Maître se acerca al mostrador, saca una lima del bolsillo y se lima las uñas. Por la puerta asoma furtivo el Ujier. Ve al Juez de bruces sobre la mesa, y corre hacia él).*

UJIER: —¡Usía, Usía! ¡Pronto, Usía! *(Sacudiéndolo)* ¡Se hace tarde, el tribunal está reunido! ¡Lo reclaman con insistencia! *(lo sacude de nuevo, y retrocede aterrado)* ¡Muerto...! ¡No... imposible! ¡Un Juez no puede morir...! ¡Usía! *(El Juez levanta lentamente la cabeza, mientras el Ujier suspira aliviado).*

MAÎTRE: —El señor Juez se quedó dormido un momento. Una pequeña siesta, bien merecida. No había por qué afligirse tanto.

JUEZ: —¿Yo... me quedé dormido? *(Se levanta, inseguro).*

UJIER: –Sí, Usía... pero debemos ir inmediatamente al tribunal. Ya están reunidos. *(El Juez ve al Maître y retrocede aterrado. El Ujier lo sostiene, lleno de asombro).*

MAÎTRE: –El señor Juez no se siente muy bien. Sería mejor que fuera a descansar a su casa.

JUEZ *(Temblando)*: –Usted... usted es... Usted era...

MAÎTRE: –El maître, para servirlo.

JUEZ: –No... Usted era... *(Se acerca a él, retrocede, vuelve a acercarse. El Maître sigue limándose las uñas mientras el Juez le mira ansiosamente el brazo izquierdo. Tiende la mano, en un gesto de súplica para que el Maître se descubra el antebrazo, pero el Maître no parece darse cuenta. El Ujier sostiene al Juez, que se decide a salir, y finalmente consigue llevarlo hacia la puerta, mientras el Juez sigue señalando el brazo del Maître. Cuando han salido, el Maître guarda la lima y se sube la manga del brazo izquierdo, donde se ve claramente el tatuaje de un ancla y una serpiente).*

MAÎTRE *(Pensativo)*: –¿Qué habrá soñado ese infeliz?

TELÓN

ADIÓS, ROBINSON

Nota del autor al realizador radiofónico.
Pienso que el locutor debe reseñar en muy
pocas frases lo esencial del tema:
Daniel Defoe/ Alejandro
Selkirk/Robinson/Viernes.
El leit-motiv podría ser Solitude
(Duke Ellington).

Ruido de avión que desciende.

ROBINSON *(Excitado):* —¡Mira, mira, Viernes! ¡La isla! ¡La isla!

VIERNES: —Sí, amo *(A la palabra "amo" sigue una risita instantánea y como para sí mismo, apenas una indicación de risa contenida).*

ROBINSON: —¿Ves la ensenada? ¡Mira, allá, allá! ¡La reconozco! ¡Allí desembarcaron los caníbales, allí te salvé la vida! ¡Mira Viernes!

VIERNES: —Sí, amo *(risita)*, se ve muy bien la costa donde casi me comen esos caníbales malos, y eso solamente porque un poco antes mi tribu había querido comérselos a ellos, pero así es la vida, como dice el tango.

ROBINSON: —¡Mi isla, Viernes, vuelvo a ver mi isla! ¡Reconozco todo a pesar de los cambios, todo! Porque como cambios, los hay.

VIERNES: —Oh sí, como cambiar ha cambiado, amo *(risita)*. Yo también reconozco la isla donde me enseñaste a ser un buen esclavo. Allí se ve el lugar donde estaba tu cabaña.

ROBINSON: —¡Dios mío, hay un rascacielos de veinticuatro... no, espera, de treinta y dos pisos! ¡Qué maravilla, Viernes!

VIERNES: —Sí, amo *(risita)*.

ROBINSON: —Dime un poco, ¿por qué cada vez que te diriges a mí te ríes? Antes no lo hacías, sin contar que yo no te lo hubiera permitido, pero de un tiempo a esta parte... ¿Se puede saber qué tiene de gracioso que yo sea tu amo, el hombre que te salvó de un destino horroroso y te enseñó a vivir como un ser civilizado?

VIERNES: —La verdad, no tiene nada de gracioso, amo *(risita)*. Yo tampoco comprendo muy bien, es algo completamente involuntario, créeme. He consultado a dos psicoanalistas, uno freudiano y el otro junguiano para doblar las chances como hacemos en el hipódromo, y para mayor seguridad me hice examinar por una eminencia de la contra-psiquiatría. Dicho sea de paso, éste fue el único que aceptó sin duda que yo fuera Viernes, el de tu libro.

ROBINSON: —¿Y cuál fue el diagnóstico?

VIERNES: —Todavía está en procesamiento electrónico en Dallas, pero según me informó Jacques Lacan el otro día, se puede sospechar desde ya que se trata de un tic nervioso.

ROBINSON: —Ah, bueno, si no es más que eso, ya pasará, Viernes, ya pasará. Mira, vamos a aterrizar. ¡Qué magnífico aeropuerto han construido! ¿Ves las carreteras, ahí y ahí? Hay ciudades por todas partes, se diría que ésos son pozos de petróleo... Ya no queda nada de los bosques y las praderas que tanto recorrí en mi soledad, y más tarde contigo... Mira esos rascacielos, esos puertos llenos de yates... ¡Quién podría ya hablar de soledad en la isla de Juan Fernández! ¡Ah, Viernes, ya lo dijo Sófocles, creo, el hombre es un ser maravilloso!·

VIERNES: —Sí, amo *(risita)*

ROBINSON *(Para sí mismo)*: —La verdad es que me joroba un poco con su risita.

VIERNES: —Lo que no entiendo, amo, es por qué has querido volver a visitar tu isla. Cuando se lee tu libro con verdadero espíritu crítico, el balance de tu estancia en la isla es bastante nefasto. La prueba es que cuando nos rescataron, casi te vuelves loco de alegría, y si al ver alejarse las costas de Juan Fernández no les hiciste un corte de mangas, fue tan sólo porque eres un caballero británico.

ROBINSON: —Ah, Viernes, hay cosas que los indios como tú no pueden comprender a pesar de lo mucho que los ayudamos a diplomarse en las mejores universidades. La noción del progreso te está vedada, mi pobre Viernes, y hasta diría que el espectáculo que ofrece nuestra isla desde el aire te decepciona o te inquieta; algo de eso leo en tus ojos.

VIERNES: —No amo *(esta vez sin la risita)*. Yo sabía muy bien lo que íbamos a encontrar. ¿Para qué tenemos la TV y el cine y la National Geographic Magazine? No sé realmente por qué estoy inquieto y hasta triste; tal vez en el fondo sea por ti, perdóname.

ROBINSON *(Riendo)*: —¿Por mí? ¡Pero si tienes ante tus ojos el ser más feliz del universo! ¡Mírame bien, y mira el espectáculo que despliega sus alfombras ahí abajo!

VIERNES: –Hm.

ROBINSON: –¿De qué podría yo quejarme si en este momento asisto no solamente a la realización de mis sueños de progreso y de civilización, sino a los de toda la raza blanca, en todo caso la británica para estar más seguros?

VIERNES: –Sí, amo *(risita)*, pero todavía no has visto la isla de cerca. Tu alegría podría ser prematura, es algo que yo siento con la nariz, si me perdonas.

ROBINSON: –¡Con la nariz! Oh, Viernes, después de la educación que te hemos dado...

VIERNES: –Desde luego impecable, amo *(risita)*. Lo que no entiendo es que el avión no cesa de dar vueltas sobre la isla.

ROBINSON: –Pienso que el piloto me rinde un conmovedor homenaje, Viernes, dándome la oportunidad de ver en detalle mi querida isla convertida en un paraíso moderno. ¡Ah, ahora sí aterrizamos! Prepara nuestro equipaje de mano. Cuando retires las valijas, cuéntalas bien, cinco mías y tu bolsa de arpillera.

Ruido de avión que aterriza, descenso de los pasajeros, marcha por largos pasillos, etc.

ALTAVOZ: –Los pasajeros con destino a Buenos Aires, Quito, Santiago y Panamá, sigan el corredor marcado con flechas verdes. Los pasajeros con destino a Houston y San Francisco, sigan el corredor marcado con flechas azules. Los pasajeros que permanecen en Juan Fernández, sigan el corredor marcado con flechas amarillas y esperen en el salón del fondo. Gracias.

ROBINSON: –¿Ves, Viernes? ¡Qué organización! Antes había toda clase de confusiones en los aeropuertos, y yo me acuerdo muy bien de que...

ALTAVOZ: —Atención, pasajeros con destino a Buenos Aires. Al final del corredor marcado con flechas verdes, deberán dividirse en dos grupos, las damas a la izquierda y los caballeros a la derecha; los menores de edad permanecerán con su padre o su madre según prefieran. Las damas entrarán en la sala marcada D, y los caballeros en la marcada C. Atención, pasajeros con destino a Quito. Cuando hallan llegado al final del...

ROBINSON: —Es extraordinario, realmente. ¿Te das cuenta, Viernes, de que aquí se ha eliminado toda posibilidad de error?

VIERNES: —Me basta con que tú lo digas, amo (risita).

ROBINSON: —Esa cuestión de tu tic nervioso... En fin, ahí está el salón que nos anunciaron; supongo que las autoridades me estarán esperando para darme la bienvenida.

ALTAVOZ: —Los pasajeros que permanecen en Juan Fernández pasarán las formalidades de policía y aduanas en las ventanillas uno a diez, con arreglo a la inicial de sus apellidos. Se ruega el señor Robinson Crusoe dirigirse a la puerta marcada "Oficial".

ROBINSON: —¡Ah, perfecto, perfecto! Ahora verás, Viernes, que...

FUNCIONARIA: —¿Señor Crusoe? Mucho gusto. Pase por aquí.

ROBINSON: —Viajo con mi...

FUNCIONARIA: —Su secretario irá a la ventanilla V. Pase, por favor.

ROBINSON: —Pero es que nosotros...

VIERNES: —No te preocupes, amo (risita), ya nos encontraremos en alguna parte, yo me ocupo de las maletas.

FUNCIONARIA: —Señor Crusoe, lo he hecho llamar aparte porque el gobierno de Juan Fernández quisiera evitarle toda dificultad durante su estancia en la isla.

ROBINSON: –¿Dificultad? Yo esperaba que...

FUNCIONARIA: –Sabíamos de su llegada, y haremos lo posible para que su visita sea agradable. Como usted sabe, nuestras relaciones con su país no están precisamente cortadas pero sí en una situación crítica, de modo que mi gobierno se excusa de no recibirlo públicamente. Trataremos de facilitarle todo lo que usted desee, en la medida de nuestras posibilidades, pero preferiríamos que usted se mantenga lo más alejado posible...

ROBINSON: –¿Alejado?

FUNCIONARIA: – ...de contactos inútiles con el exterior, quiero decir con el público en general, la gente de la calle y de los cafés.

ROBINSON: –Pero yo...

FUNCIONARIA: –De aquí lo llevarán directamente al hotel, y el gerente tiene instrucciones para darle una habitación lo más aislada posible, incluso con un ascensor especial; usted sabe, el gobierno tiene siempre preparados ciertos ambientes especiales para los huéspedes distinguidos, a fin de sustraerlos a los contactos innecesarios.

ROBINSON *(En un murmullo)*: –Innecesarios...

FUNCIONARIA: –Si quiere usted asistir a la ópera, el gerente se ocupará de obtenerle el billete; lo mismo si quiere visitar el casino o algún museo. En cuanto al interior del país, me temo que esta vez será imposible que salga usted de la capital. Es mi deber señalarle que el sentimiento antibritánico es muy intenso en estos momentos.

ROBINSON: –Pero yo creía que Juan Fernández...

FUNCIONARIA: —Oh, no se trata solamente de un antagonismo hacia su país, sino de alguna manera un antagonismo general.

ROBINSON *(Explotando)*: —¿Un sentimiento que va también en contra del propio gobierno? *(Silencio prolongado)*. Perdóneme, señora, no quisiera inmiscuirme en... pero realmente esta situación me toma de tal modo de sorpresa...

FUNCIONARIA: —Juan Fernández no es una colonia, señor Crusoe, y somos perfectamente dueños de nuestros sentimientos. Como comprenderá, no podíamos negarnos a su visita, puesto que usted ha vivido en nuestra isla y le ha dado un prestigio mundial, pero acaso no le extrañará saber que desde hace tiempo no permitimos la entrada a ningún extranjero. Como excepción honorable, no dudo de que estará dispuesto a facilitarnos la tarea de protegerlo.

ROBINSON *(Como para sí mismo)*: —Sí, desde luego, pero yo venía para...

FUNCIONARIA *(Casi secamente)*: —Al fin y al cabo usted tuvo poca oportunidad de mantener contactos en su visita anterior. Bastará con que lo recuerde, y todo saldrá bien. *(Con mayor calidez)*. Sé que no le doy buenas noticias, señor Crusoe, y si de mí dependiera cambiar aunque sólo fuese un poco esta situación, créame que lo haría.

ROBINSON: —¿Si dependiera de usted? Oh, sí, me gustaría tanto hablar con usted, conocerla mejor... Me resulta difícil aceptar esta situación... No sé, tengo la sensación de que usted me comprende, y que al margen de su deber...

FUNCIONARIA: —Sí, claro que lo comprendo, y si se presenta la oportunidad tendré mucho gusto en hablar de nuevo con usted. Me llamo Nora. Mi marido es el subjefe de policía.

ROBINSON: —Ah.

FUNCIONARIA: —Por supuesto, conozco su libro, es un libro que todo el mundo ha leído aquí. A veces me pregunto por qué, ya que se refiere a un Juan Fernández muy diferente. A menos que...

ROBINSON: —¿A menos que... no sea tan diferente?

FUNCIONARIA (*Con su voz oficial*): —Lo dejaremos para otra vez, señor Crusoe. Este señor lo espera para llevarlo a la sala de equipajes donde también lo espera su... secretario. Buenas tardes, y feliz estancia en Juan Fernández.

ROBINSON (*Para sí*): —A menos que no sea tan diferente... A menos que... Pero no puede ser, yo vi el rascacielos allí donde se alzaba mi cabaña, yo vi las carreteras, los yates en la rada...

FUNCIONARIO: —Cuando usted quiera señor Crusoe. Por aquí.

Ruidos de pasillos, de altavoces dando instrucciones.

ROBINSON: —¡Viernes!

VIERNES: —Sí, amo (*risita*), ya ves que no era para tanto. Tus maletas ya están en el auto, y Plátano nos espera.

ROBINSON: —¿Plátano?

VIERNES (*Riendo*): —Se llama así, que quieres. Es el chófer que nos han dado, ya somos amigos.

ROBINSON (*Interesado*): —¿Te hiciste amigo de Plátano?

VIERNES: —Claro, nadie se fija demasiado en mí, y Plátano desciende de la misma tribu que yo, lo descubrimos en seguida: los dos tenemos los pulgares muy largos, siempre fue nuestra manera de reconocernos en otros tiempos. Ven, amo, por aquí.

Ruidos de calle, autos y gente que habla animadamente. Música idiota por altavoces que hacen propaganda comercial igualmente idiota.

VIERNES: —Puedes decirme lo que quieras, amo. Plátano no comprende la lengua de Shakespeare. Pareces triste, amo.

ROBINSON: —No, no es eso, pero...¡Ah, mira esa avenida!

VIERNES: —Es bastante ancha, en efecto.

ROBINSON: —¡Qué edificios extraordinarios! y las calles llenas de gente, Viernes, de gente.

VIERNES: —No me parece tan extraordinario. Cualquiera creería que dejaste Londres hace veinte años. Esta es una ciudad como cualquier otra, Plátano me explicó todo. Esta noche, si no necesitas de mí, vendrá a buscarme para ir de juerga. Dicen que las mujeres tienen una predilección por los pulgares largos, ya veremos.

ROBINSON: —Viernes, la educación que yo te he dado prohíbe que un caballero... En fin, tal vez Plátano querrá llevarnos a los dos, ¿no crees?

VIERNES *(Con tristeza)*: —No, amo, no lo creo. A su manera, Plátano ha sido muy franco conmigo. Tiene consignas y debe cumplirlas.

ROBINSON: —Como Nora... Como el gerente del hotel... Y ahí, mira esa calle angosta con sus mercados abiertos, las muchachas con vestidos de tantos colores, las tiendas iluminadas en pleno día...

VIERNES: —Igual que en Las Vegas, que en Singapur, que en São Paulo, amo. Ninguna diferencia con Nueva York, salvo los mercados y un poco las muchachas.

Robinson *(Para sí):* –¿Y qué voy a hacer yo en el hotel?

Plátano (una frase en un idioma incomprensible, dirigida a Viernes que se ríe y le contesta en la misma lengua).

Viernes: –El muy desgraciado, no ha perdido palabra, y yo que pensaba que no sabía inglés... Ustedes han hecho bien las cosas, amo, esa lengua la hablan hasta las focas del Ártico.

Robinson: –¿Qué te dijo?

Viernes: –Contestó a tu pregunta sobre el hotel. Encontrarás un programa preparado para ti, con horarios y el resto. Simplemente vendrán a buscarte y te traerán de vuelta. Museos y esas cosas.

Robinson *(Exasperado):* –Qué carajo me importan a mí sus museos, ahora. Lo que yo quiero...

Viernes: –Ya estamos, amo, baja por este lado. *(Dirige una alegre frase a Plátano, que le contesta con una carcajada y otra frase).*

Ruidos apagados de un gran hotel.
Un altavoz aterciopelado llama a un huésped. Música de fondo.

Robinson: –Quédate todavía un poco, Viernes. Mira, pidamos whisky y bebamos juntos. Me imagino que tu habitación es tan buena como la mía, ¿verdad?

Viernes: –No, amo. Es una habitación para criados, muy pequeña y con una ventana que da a un agujero de ventilación.

Robinson: –Protestaré, voy a llamar al gerente y...

Viernes: –No, amo, no vale la pena. Para lo que voy a estar en esa pieza... Además tiene una ventaja que me explicó Plátano, y es que puedo subir por la escalera de servicio, y si por la noche hay alguien que me acompaña, nadie se dará cuenta de nada.

ROBINSON: – ¿Y yo, Viernes? Este programa es abrumador, es interminable y aburrido, no me dejan un momento libre salvo las horas de sueño. Si por lo menos entonces... En fin, tú me comprendes, no es que yo necesite especialmente encontrar a...

VIERNES: –Claro que comprendo, amo. Mira, si tú no te ofendes y sobre todo si ellas no se ofenden, yo vendré a buscarte por la noche y te cederé mi lugar, o lo compartiremos.

ROBINSON: –¡Viernes, como te atreves!

VIERNES: –Discúlpame, amo *(risita)*.

Suena el teléfono.

ROBINSON: –Crusoe, sí./Sí, sí, reconozco su voz./¿Dentro de media hora? Sí, claro, la esperaré abajo./ Ah, otro funcionario./ Comprendo, Nora, pero.../ Sí, supongo./ Otra vez, entonces./ Sí, yo también espero./ Gracias.

VIERNES: –Pareces triste, amo.

ROBINSON: –No me fastidies con tus curiosidades. No estoy para nada triste. *(Pausa)*. Bueno, sí, más bien decepcionado. Perdóname, no quise ser grosero.

VIERNES: –¿Me dirás quien es Nora, amo?

ROBINSON: –Casi no la conozco, es la persona que me recibió en el aeropuerto. Ahora me avisa que van a venir a buscarme. Por un momento pensé que ella... en fin, es una visita al museo de antropología.

VIERNES: –¿Por qué no le pediste que te acompañara, amo?

ROBINSON: –Porque me hizo saber bien claro que no sería ella quien vendría buscarme sino el conservador del museo. Tal vez mañana... Sí, tal vez mañana sea ella quien venga.

Pausa. Leit-motiv, apagadamente.

VIERNES: –Bueno, si no necesitas de mí por el momento...

ROBINSON: –¿Te vas a encontrar con Plátano?

VIERNES *(Con una gran risa de felicidad)*: –¿Cómo adivinaste, amo?

Puerta que se cierra. Silencio y luego leit-motiv apenas audible. Bruscos pasos, click del teléfono.

ROBINSON: –El gerente, por favor. *(Breve pausa)*. Crusoe, sí. He estado leyendo el programa./Desde luego, excelente./Pero yo quisiera ver algunas cosas que no figuran en el programa./Por ejemplo, el rascacielos que han construido en el lugar donde estaba mi cabaña./De acuerdo, trate de averiguar en seguida./¿Me están esperando? Bajo en seguida.

Leit-motiv. Se oyen, intercaladamente, frases típicas de los guías que explican monumentos, la voz de Robinson que agradece, luego música popular y estridente, las voces y las risas de Viernes y de Plátano en una fiesta, ruido de vasos, muchachas que ríen y cantan. Progresivamente vuelta al leit-motiv melancólico, frases protocolares, brindis, explicación de un monumento, breves comentarios de Robinson. Atmósfera sonora del hotel.

VIERNES: –Buenos días, amo. ¿Has descansado bien? No se diría, tienes cara de haber dormido poco.

ROBINSON: –Así es, dormí muy mal después de la última visita.

VIERNES: —No era así en los tiempos de la cabaña, me acuerdo que dormías tan bien como yo, que soy un plomo, y que una vez me dijiste que casi nunca soñabas.

ROBINSON: —Es verdad... Casi nunca soñaba, había tanta paz en torno de mí...

VIERNES: —Pero la soledad te pesaba, sin embargo. Me dijiste que mi llegada te salvó de la melancolía.

ROBINSON: —Sí, era duro vivir solo en la isla, Viernes. No era posible que mi destino fuera ése y sin embargo empiezo a creer que hay soledades peores que la de estar simplemente solo. Dame otro poco de café, Viernes. Sabes, ayer por la tarde me llevaron a ver el rascacielos.

VIERNES: —¿Fuiste con Nora, amo?

ROBINSON: —No, con un funcionario especialista en construcciones. Me dijo que el edificio era un modelo casi insuperable, y le creo. Pero a mí me pareció igual que los de Londres, igual que todos los edificios de ahora. La gente entraba y salía como si no se conocieran, sin decirse palabra, apenas saludándose en los ascensores o en los corredores.

VIERNES: —¿Por qué esperabas otra cosa, amo? Tú mismo lo dices, aquí es lo mismo que en Londres o Roma. La isla sigue desierta, si puedo hablar así.

ROBINSON (*Después de una pausa*): —La isla sigue desierta. Tal vez tienes razón. Mi isla sigue desierta, mucho más desierta que cuando el mar me vomitó en la costa...

VIERNES: —Es difícil imaginarlo, amo. Plátano me explicó que la isla tiene dos millones y medio de habitantes, y el gobierno ya se está ocupando del control de nacimientos.

ROBINSON *(Irónicamente)*: –Desde luego, todo termina en eso, es la única solución que son capaces de imaginar. Y entre tanto hay dos millones y medio de hombres y de mujeres que se desconecen entre sí, de familias que son otras tantas islas. Como en Londres, claro. *(Pausa)*. No sé, acaso aquí hubiera podido ser distinto...

VIERNES: –¿Por qué, amo? ¿Por qué aquí y no en Londres o Roma?

ROBINSON: –No lo sé, Viernes, era como una esperanza vaga cuando decidí volver a pesar de todo lo que me decían. Estúpidamente pensé, ahora lo veo, que éste podía ser el lugar donde mi soledad de antaño se viera reemplazada por su contrario, por la inmensa maravilla de sonreírse y hablarse y estar cerca y hacer cosas juntos... Pensé que el libro habría servido para algo, para mostrar a la gente el pavor de la soledad y la hermosura de la reunión, del contacto... ¿Tú sabes, verdad, que el libro ha sido casi tan leído como el Quijote o Los tres mosqueteros? Bien, podía yo hacerme algunas ilusiones, pero ya ves...

Golpean a la puerta.

VOZ DE UN EMPLEADO DEL HOTEL: –La señora Leighton espera abajo, señor Crusoe.

ROBINSON: –¡Nora! *(Pausa)* Dígale que bajo en seguida. *(Pausa)*. Dame el completo gris, Viernes. Corbata azul. ¡Apúrate, hombre! Fíjate si mis zapatos negros están bien lustrados.

VIERNES: –Sí, amo *(risita)*.

Música en sordina del hotel, rumores del lobby. Tintineo de hielo en las copas.

NORA: —Completamente extraoficial, Robinson. Y solamente un cuarto de hora, porque mis horarios son tan estrictos como los suyos.

ROBINSON: —No sé como darle las gracias, Nora. Que usted haya sospechado...

NORA: —¿Sospechado?

ROBINSON: —Sí, que esta visita a Juan Fernández no es lo que yo había esperado.

NORA: —Usted está solamente de visita. Yo tengo que vivir aquí.

ROBINSON: —¿Por qué lo acepta?¿Por qué los dos, por qué todos, finalmente lo aceptamos?

NORA: —No lo sé, porque para empezar tampoco sé qué es lo que aceptamos. Juan Fernández es una isla maravillosa, y su pueblo, usted lo ha visto... en fin, casi lo ha visto... es un pueblo igualmente maravilloso. El clima...

ROBINSON: —No hable como la mujer del subjefe de policía, por favor. Yo sé porqué ha tenido la bondad de venir a hablar un momento conmigo. Usted ha venido no solamente porque se ha dado cuenta de mi desengaño y de mi tristeza, sino porque también usted está desengañada y triste.

NORA (Después de una pausa): —Es verdad, pero no se puede hacer nada contra eso.

ROBINSON: —Sí, me temo que ya sea tarde para gentes como usted y yo. Pero en cambio hay otros que...

NORA: —¿Otros?

ROBINSON: —No se ría, pero pensaba en mi criado Viernes, en su amigo Plátano, en la gente que todavía creemos educar y dominar, nuestros hijos culturales por así decirlo.

NORA *(Con la voz de la funcionaria):* –Oh, esa gente piensa y siente de otra manera. Sus problemas son de otra naturaleza, no pueden entendernos.

ROBINSON: –O al revés, acaso. No sé, soy incapaz de ver con claridad después que volví a mi isla. Antes todo era tan neto, Nora, tan claro. Usted leyó el libro, ¿verdad? En cada página había alguna referencia llena de gratitud hacia los designios de la providencia, la ordenación del Gran Relojero, la lógica impecable de los seres y de las cosas.

NORA: –A mí me gustó sobre todo la parte en que usted le salva la vida a Viernes, y poco a poco lo hace ascender de su innoble condición de caníbal a la de un ser humano.

ROBINSON: –A mí también me gustaba mucho esa parte, Nora. Hasta hace una semana.

NORA *(Sorprendida):* –¿Por qué ha cambiado de opinión?

ROBINSON: –Porque aquí estoy viendo que las cosas resultaron diferentes. Cuando usted dice que elevé a Viernes de la condición de caníbal a la de un ser humano, es decir, cristiano, es decir civilizado, yo pienso que desde hace una semana lo que más aprecio en Viernes es el resto de caníbal que queda en él... Oh, no se asuste, digamos de caníbal mental, de salvaje interior.

NORA: –Pero es horrible pensar eso.

ROBINSON: –No, más horrible es pensar en lo que somos usted y yo, usted la mujer del subjefe de policía, yo el visitante de Juan Fernández. Desde que llegamos aquí,

Viernes me mostró a su manera que mucho de él era todavía capaz de escapar a lo que el sistema de Juan Fernández me impone a mí. Incluso estoy seguro de que
en este mismo momento en que nosotros nos encontramos, demasiado brevemente por desgracia, en un terreno común de frustración y de tristeza, Viernes y su amigo Plátano andan alegremente por la calle, cortejan a
las muchachas, y sólo aceptan de nuestra tecnología las
cosas que los divierten o les interesan, los juke-box y la
cerveza en latas y los shows de la TV.

Se oye el griterío y la música de una fiesta popular.

NORA: —O sea que de alguna manera el verdadero final del
libro es diferente.

ROBINSON: —Sí, Nora, diferente.

NORA: —Ese Viernes agradecido y fiel, aprendiendo a vestirse, a comer con cubiertos y a hablar en inglés, parecería
que es él quien hubiera debido salvar a Robinson Crusoe de la soledad. A Robinson y a mí, por supuesto, a mí
y a todos los que nos reunimos en el lobby de hotel para beber un inútil trago recurrente y para ver nuestra
propia tristeza en los ojos del otro.

ROBINSON: —No sé, Nora, no tenemos derecho a exagerar
hasta ese punto. Soy demasiado civilizado para aceptar
que la gente como Viernes o como Plátano pueda hacer algo por mí, aparte de servirme. Y sin embargo...

NORA: —Y sin embargo estamos aquí mirándonos con algo
que podríamos llamar nostalgia. Creo que siempre nos
miraremos así en cualquier Juan Fernández del plane-
ta. *(Bruscamente)*. Me voy, mi marido espera mi informe.

ROBINSON *(Amargo)*: —¿Sobre esta conversación, Nora?

NORA: —Oh, no, esta conversación ya ha ocurrido millones y millones de veces desde el fondo de los tiempos; no tiene ningún interés para la policía. Mi informe en cambio es apasionante, un análisis sobre los abortos y el suicidio en Juan Fernández. Hasta otra vez, Robinson.

ROBINSON *(Después de una pausa)*: —¿Nunca podré caminar por las calles con usted, Nora?

NORA: —Me temo que no, y es lástima. Habitúese a los autos cerrados, se ve bastante bien por las ventanillas. Yo ya me he acostumbrado bastante, Juan Fernández es para mí como una serie de imágenes bien recortadas en el marco de las ventanillas del auto. Un museo, si se piensa bien, o una proyección de diapositivas. Adiós, Robinson.

Leit-motiv. Golpeteo de hielo en un vaso. Lejano rumor de ciudad. Música de baile popular, gritos alegres de gente que se divierte. Se pasa poco a poco al ruido de un auto y al rumor del aeropuerto.

ALTAVOZ: —Los pasajeros con destino a Londres seguirán el corredor marcado con flechas rojas, y presentarán sus documentos en las ventanillas correspondientes a la inicial de su apellido. Los pasajeros con destino a Washington seguirán...

VIERNES *(Su voz sonora y alegre cubre la del altavoz)*: —Tenías razón, amo *(risita)*, la organización es perfecta, mira como las flechas rojas nos llevan infaliblemente a las ventanillas, ahora tú vas a la que dice C, y yo a la que dice V. Nos volveremos a encontrar, amo, no pongas esa cara tan triste, tú mismo me enseñaste las maravillas de este aeropuerto.

ROBINSON: —Me alegro de volver a Inglaterra, Viernes. Me alegro de irme de la isla. No es mi isla. Creo que nunca fue mi isla, porque incluso entonces no entendí que... Es difícil explicarlo, Viernes, digamos que no entendí lo que hacía contigo, por ejemplo.

VIERNES: —¿Conmigo, amo? *(risita)*. Pero si hiciste maravillas, acuérdate cuando me cosiste unos pantalones para que no siguiera desnudo, cuando me enseñaste las primeras palabras en inglés, la palabra amo *(risita)*, las palabras sí y no, la palabra Dios, todo eso que se cuenta tan bien en el libro...

ROBINSON: —Qué quieres, todo eso había que hacerlo para arrancarte de tu condición de salvaje, y no me arrepiento de nada. Lo que no fui capaz de entender es que alguien como tú, un joven caribe frente a un vetusto europeo...

VIERNES *(Riendo)*: —Tú no eres vetusto, amo.

ROBINSON: —No te hablo de mi cuerpo sino de mi historia, Viernes, y es ahí donde me equivoqué contigo cuando pretendí hacerte entrar en la historia, la nuestra por supuesto, la de la gran Europa y muy especialmente la de la grande Albión, etcétera. *(Ríe irónicamente)*. Y lo peor es que hasta ahora me parecía bien, te imaginaba identificado con nuestro modelo de vida, hasta que llegamos de nuevo aquí, y tú empezaste a tener ese tic nervioso... así lo llamas por lo menos.

VIERNES: —Puede ser que se me pase, amo *(risita)*.

ROBINSON: —Algo me dice que no, que ya no se te pasará nunca más. Pero es curioso que el tic te empezara cuando llegamos a Juan Fernández, cuando de golpe cambiaste, te encontraste con Plátano y...

VIERNES: —Es cierto, Robinson. Muchas cosas cambiaron en ese momento. Y no es nada al lado de lo que todavía va a cambiar.

ROBINSON: –¿Quién te ha autorizado para que me llames por mi nombre de pila? ¿Y qué es eso del cambio?

El leit-motiv se mezcla con una música de fiesta y los altavoces del aeropuerto; todo eso dura apenas un instante.

VIERNES *(Con una voz más grave, más personal):* –¿Por qué crees, Robinson, que esta isla se llama Juan Fernández?

ROBINSON: –Bueno, un navegante de ese nombre, en el año...

VIERNES: –¿No se te ha ocurrido pensar que su nombre no es el mero producto de un mero azar de la navegación? Tal vez no hay nada de casual en eso, Robinson.

ROBINSON: –En fin, no veo la razón de que...

VIERNES: –Yo sí la veo. Yo creo que su nombre contiene la explicación de lo que te ocurre ahora.

ROBINSON: –¿La explicación?

VIERNES: –Sí, piensa un poco. Juan Fernández es el nombre más común, más vulgar que podrías encontrar en lengua castellana. Es el equivalente exacto de John Smith en tu país, de Jean Dupont en Francia, de Hans Schmidt en Alemania. Y por eso no suena como un nombre de individuo sino de multitud, un nombre de pueblo, el nombre del *uomo qualunque*, del *jedermann*...

Rumor de fiesta popular, de multitud.

ROBINSON: –Sí, es cierto, pero...

VIERNES: –Y eso explica acaso lo que te ocurre ahora, pobre Robinson Crusoe. Tenías que volver aquí conmigo para descubrir que entre millones de hombres y de mujeres estabas tan solo como cuando naufragaste en la isla. Y sospechas acaso la razón de esa soledad.

ROBINSON: –Sí, creo que la sospeché mientras hablaba con Nora en el hotel, fue como si de golpe pensara en tal como eras el día en que te salvé la vida, desnudo e ignorante y caníbal, pero al mismo tiempo tan joven, tan nuevo, sin las manchas de la historia, más cerca, tanto más cerca que yo del aire y los astros y los otros hombres...

VIERNES: –No te olvides que nos comíamos entre nosotros, Robinson.

ROBINSON *(Duramente)*: –No importa. Lo mismo estaban más cerca los unos de los otros. Hay muchas maneras de ser caníbal, ahora lo veo con tanta claridad.

VIERNES *(Afectuosamente)*: –Vaya, Robinson. Y esto has venido a descubrirlo al final de la vida, en el suelo mismo de tu isla. Ahora sabes que has perdido la facultad de comunicarte, de conectarte con Juan Fernández, con Hans Schmidt, con John Smith...

ROBINSON *(Patético)*: –Viernes, tú eres testigo de que yo quería salir a la calle, mezclarme con la gente, que...

VIERNES: –No te hubiera servido de mucho con gentes como Plátano y sus amigos, te hubieran sonreído amablemente y nada más. El gobierno quiso aislarte por razones de estado, pero hubieran podido ahorrarse el trabajo, lo sabes de sobra.

ROBINSON *(Lenta y amargamente)*: –¿Por qué volví? ¿Por qué tenía que volver a mi isla donde conocí una soledad tan diferente, volver para encontrarme todavía más solo y oírme decir por mi propio criado que toda la culpa es mía?

VIERNES: –Tu criado no cuenta, Robinson. Eres tú el que se siente culpable. Personal y vicariamente culpable.

ALTAVOZ: –Atención, embarque inmediato de los pasajeros con destino a Londres. Se les ruega llevar en la mano los certificados de vacuna.

ROBINSON: –Sabes, casi quisiera quedarme ahora. Tal vez...

VIERNES: –Demasiado tarde para ti, me temo. En Juan Fernández no hay lugar para ti y los tuyos, pobre Robinson Crusoe, pobre Alejandro Selkrik, pobre Daniel Defoe, no hay sitio para los náufragos de la historia, para los amos del polvo y el humo, para los herederos de la nada.

ROBINSON: –¿Y tú, Viernes?

VIERNES: –Mi verdadero nombre no es Viernes, aunque nunca te preocupaste por saberlo. Prefiero llamarme yo también Juan Fernández, junto con millones y millones de Juan Fernández que se reconocen como nos reconocimos Plátano y yo, y que empiezan a marchar juntos por la vida.

ROBINSON: –¿Hacia dónde, Viernes?

VIERNES: –No está claro, Robinson. No está nada claro, créeme, pero digamos que van hacia tierra firme, digamos que quieren dejar para siempre atrás las islas de los Robinsones, los pedazos solitarios de tu mundo. En cuanto a nosotros dos *(con una carcajada)* vamos a Londres, y este avión no nos esperará si no nos apuramos *(siempre riendo)*. ¡Corre, corre! ¡Los aviones no esperan, Robinson, los aviones no esperan!

Este libro
se terminó de imprimir
en los Talleres Gráficos
de Palgraphic S. A.,
Humanes (Madrid)
en el mes de octubre de 1995